眼界决定你的高度

任正非给创业者的人生智慧课

戚风 —— 著

台海出版社

图书在版编目（CIP）数据

眼界决定你的高度：任正非给创业者的人生智慧课 /

戚风著. -- 北京：台海出版社，2019.11（2024.11重印）

ISBN 978-7-5168-2456-6

Ⅰ.①眼… Ⅱ.①戚… Ⅲ.①通信企业 – 企业管理 –

经验 – 深圳 Ⅳ.①F632.765.3

中国版本图书馆CIP数据核字(2019)第233103号

眼界决定你的高度：任正非给创业者的人生智慧课
YANJIE JUEDING NIDE GAODU:RENZHENGFEI GEI CHUANGYEZHE DE RENSHENG ZHIHUIKE

著　者：戚　风		
责任编辑：武　波	装帧设计：尧丽设计	
版式设计：竹石文化	责任印制：蔡　旭	

出版发行：台海出版社

地　址：北京市东城区景山东街20号　　邮政编码：100009

电　话：010-64041652（发行，邮购）

传　真：010-84045799（总编室）

网　址：http://www.taimeng.org.cn/thcbs/default.htm

E-mail：thcbs@126.com

经　销：全国各地新华书店

印　刷：衡水翔利印刷有限公司

本书如有破损、缺页、装订错误，请与本社联系调换

开　本：710毫米×1000毫米	1 / 16	
字　数：160千字	印　张：14	
版　次：2019年11月第1版	印　次：2024年11月第5次印刷	
书　号：ISBN 978-7-5168-2456-6		
定　价：45.00元		

人们常说："你的思维和眼界，决定了你的格局。"那么，创业者的眼界，则决定了企业的高度。

在中国企业界，任正非是一个绕不开的名字，他创办的华为技术有限公司已经成为中国企业的一张名片。中美贸易战的爆发把华为推到了风口浪尖上，一时间，华为成为全球人关注的焦点。面对美国政府的全力压制和打击，华为不仅没有倒下，反而越战越勇。以一家企业对抗世界的超级大国，如此壮举令人肃然起敬。而华为公司的创始人任正非先生，也凭借着宽广的眼界和格局，让人们为之折服。

在短短几个月的时间里，任正非接受了CNBC、CCTV、《环球邮报》等众多国际知名媒体的采访，面对记者提出的一系列尖锐问题，他没有回避，也没有虚饰，而是坦诚相待，用最朴素的语言说出了自己的观点。面对美国的技术封锁，他没有屈膝投降，而是防患于未然，在数年之前就开始准备"备胎"……这就是任正非的眼界。

任正非是一个非常务实的人，他信奉"低调做人，高调做事"的创业哲学。他的决策总是紧紧围绕着华为的战略主航道进行。他就像一个目光深远的船长，带领着华为这艘万吨巨轮驶向远方。

众所周知，任正非是个低调的人。从1987年创办华为，任正非多年来保持着异乎寻常的低调，他几乎从来不接受媒体的采访，对于外界召开的各种评选活动唯恐避之不及。

2018年是改革开放40周年，党中央决定表彰一批为改革开放做出杰出贡献的人。马云、马化腾、柳传志等人都榜上有名，却唯独没有任正非的名字，这出乎很多人的意料。人们纷纷猜测是任正非主动拒绝了这次评选。后来，在接受记者采访时，人们的猜测得到了任正非的证实，他风趣地说："我想集中精力做华为。华为已经够复杂了，因为你们没有机会到我们海外研究中心看一下。这些科学家在这么细的地方，还有数千项专利在研究这些细节。所以是有很多细节才能组成这个宏观的。这些东西都是要有规划的，我觉得我的精力要放到内部的这个方面上。如果参加社会活动，就要消耗精力。另外你叫我开会，坐在板凳上两个小时，我坐不住，就会溜号，不光彩。"

在做事方面，任正非却一点儿也不低调，相反，他拥有常人难以想象的雄心壮志，他锐意进取，百折不挠，带领华为人攀上一座又一座高峰。任正非具有极其深远的眼界，从创业之初，他就看到了自主研发的重要性，很早就在研发领域投入巨资，甚至一度背上了高利贷。如今，华为每年投入的研发经费已经达到上千亿元，超过BAT（百度、阿里巴巴、腾讯）的总和。当华为遭遇禁令时，任正非却特别强调基础研究的重要性，并且呼吁人们重视基础教育，尤其是农村的基础教育。

任正非的创业智慧令很多人为之钦佩，其中包括很多我们耳熟能详的大企业家：马云说任正非是一位"被遗忘的高人"，俞敏洪将任正非称作"伟大的企业家"，雷军说"办小米之前，我是华为的铁杆粉丝，我会背任正非很多篇讲话"，柳传志说"我最敬佩和欣赏的人是任正非"……

在创业领域，任正非已经成为很多人眼中的"创业教父"。

本书分别从战略定力、奋斗精神、以客户为中心等角度，阐述任正非的管理思想。结合华为的成长经历，以及任正非本人的多次内部讲话，对任正非的创业智慧进行了全方位的总结。希望读者在阅读之后，能够有所收获。

目录

第一章 创业者要有眼界、气度和格局

拥有长远的眼界，才能成就伟大的事业　　002

力争成为一流的国际性企业　　005

品牌建设的核心因素是诚信　　008

不想做代工厂，就要加大研发投入　　011

不要煽动民族情绪，老老实实做产品　　015

允许试错，对失败多一点包容　　018

第二章 保持战略定力，才能走得长远

管道战略：把力量集中在主航道上　　022

坚持战略聚焦，不要盲目铺开摊子　　025

企业必须保持合理的成长速度　　028

坚持不上市是华为成功的一大原因　　032

坚持走农村包围城市的道路　　035

不懂战略退却，就不会懂战略进攻　　038

第三章　艰苦奋斗，活下去是创业的首要纲领

艰苦奋斗是唯一的出路　　　042

华为的成功离不开狼性精神　　　045

"活下去"是创业者的首要纲领　　　048

创业需要甘愿坐冷板凳的精神　　　051

丢掉功劳簿，勇敢挑战明天　　　054

冬天来临时要咬紧牙关　　　057

第四章　以客户为中心，不以利润最大化为目标

决不能做第二个美联航　　　062

为客户服务是企业生存的唯一理由　　　065

不要把利润最大化作为第一目标　　　068

以客户的价值观为导向　　　071

坚持普遍客户关系的原则　　　074

反对孤芳自赏，要做工程商人　　　078

第五章　以奋斗者为本，让听得见炮声的人做决策

猛将必发于卒伍，宰相必取于州郡　　　082

没有干劲的人不能进入高层　　　085

明哲保身的人是变革的绊脚石　　　089

对优秀人才要敢于破格提拔　　　093

用人所长，不能求全责备　　　096

让听得见炮声的人呼唤炮火　　　099

必须让奋斗者得到丰厚回报　　　102

第六章　构建价值观共同体，打造高效率团队

资源终会枯竭，唯有文化才能生生不息　106

《华为基本法》，塑造价值共同体　109

强化资源整合与共享的价值观　113

学习型企业，提升团队战斗力　116

铁三角模式：团队要以作战需求为中心　119

自我批判是长治久安的基础　122

第七章　向制度要效益，把生命注入管理中

淡化英雄主义色彩，走职业化之路　126

先僵化，后优化，再固化的策略　129

轮值制度：平衡全局利益　132

群体接班：公司的命运不能系于个人　135

组织设计：从"金字塔"走向"扁平化"　139

实行末位淘汰制，充分激活组织　142

第八章　居安思危，不做昙花一现的英雄

成功是一个让人讨厌的教员　146

下一个倒下的会不会是华为　149

"蓝军"是居安思危的必然产物　152

任何腐败都会使企业丧失战斗力　155

危机监测与管理，强化应变能力　159

"备胎"计划，做好极限生存的假设　162

第九章　持续创新，保持开放的国际化视野

在大机会时代，千万不要机会主义　　166

华为崇拜技术，但反对盲目创新　　169

创新要像"鲜花插在牛粪上"　　172

开放合作，一杯咖啡吸收宇宙能量　　175

网罗天下英才，让先进知识为我所用　　178

第十章　灰度哲学：正确的方向来自开放、妥协与宽容

管理者的正确方向来自灰度哲学　　182

跳芭蕾的女孩都有一双粗腿　　184

企业领导要学会无为而治　　187

均衡发展，关键是解决短板　　190

要发展，也要给对手留下生存空间　　193

附录

任正非讲话节选　　196

任正非个人简历　　206

华为发展历程表　　208

第一章
创业者要有眼界、气度和格局

眼界决定气度和格局，而气度和格局决定了人生的发展轨迹，这是创业者必不可少的特质，是公司做大做强的关键。唯有拥有广博的见识、开阔的眼界，才能聚集人才，继而有效提升创业的成功率，使创业少走弯路。眼界小了，气度小了，缺少容人的气量，自然也得不到别人的尊重。

拥有长远的眼界，才能成就伟大的事业

我们要坚定不移地向第一、二代创业者学习。学习他们在思想上的艰苦奋斗精神，勇于向未知领域探索；学习他们的团队精神和坦荡的胸怀，坚持和不断完善我们公正合理的价值评价体系；学习他们强烈的进取精神和责任意识，勇于以高目标要求和鞭策自己；学习他们实事求是的精神，既具有哲学、社会学和历史学的眼界，又具有一丝不苟的工作态度。

选自《华为基本法》（1998年）

创业成功需要许多要素，其中眼界是最重要的因素。

眼界是一个人看待世界的深度和广度，是对未来的预见。生活在大千世界中，每个人的眼界都是不同的：有的人目光锐利，一眼就能看透事物的本质；有的人目光短浅，只能看到眼前的利益。眼界决定人生的轨迹。眼界高远的人，才能成就伟大的事业；而眼界狭小的人，人生之路早已被限制，注定不会有大的作为。

翻阅华为的发展史，你会发现，作为公司的创始人兼总裁，任正非的眼界十分高远。初入商场，他就选择了通信行业，一开始做代理，没过几年就进行自主研发。等到有所收获以后，又立即朝着新的方向前进。任正非所走的每一步，都是经过深思熟虑后做出的决定。这一切都与他的生活经历密不可分。

童年时代的任正非一直生活在贫困中，因此养成了居安思危的习惯。虽然家里的经济条件很差，甚至连衣食住行都有困难，但是任正非的父母一直坚持为孩子们提供优良的教育，他们心里非常清楚，只有接受教育，才是唯一的出路。后来，任正非顺利地考入了重庆建筑工程学院（现已并入重庆大学），攻读暖通专业，属于建筑行业的一个组成部分。任正非还利用课余时间自学了电子计算机、数字技术、自动控制等课程，这为他后来的人生发展奠定了坚实的基础。

毕业之后，任正非进入部队，成了一名基建工程兵。这是一支专门负责国家重点工程建设和国防任务的部队，任正非参与了很多重点工程的建设。艰苦的施工环境，严格的军事化管理，在任正非身上留下了不可磨灭的印记，也让他养成了坚毅不屈的性格。在之后的很多年里，任正非都像一个军人一样，谨慎地分析眼前的形势，然后做出详细的战略规划，而不是任意制定决策。

任正非在1983年离开了部队，转业至深圳南海石油后勤服务基地。任正非雄心壮志，想要干一番大事业，然而现实往往是残酷的，初入商场的任正非缺少商业经验，又过于轻信他人，致使公司损失了200万元，这在当时是一笔天文数字。很快，任正非就被开除了。

背着一身的债务，任正非遇到了人生的低谷期，然而他没有时间自怨自艾，因为家庭生活的重担容不得他沉沦下去。他很快就重新振作起来，并且凭借自己敏锐的目光发现了新的机会——数字式程控电话交换机。

1876年，世界上第一部电话在美国诞生，而交换机则是电话的核心部件。然而，直到20世纪80年代，电话也没有在我国普及开来，更不用说中国本土的通信厂商了。当时的中国通信市场被外国资本把持，形成了"七国八制"的状态，而售卖交换机的利润十分丰厚，因此很多中国人选择代理交换机的生意，通过转手倒卖获取高额利润。

多年以后，当任正非再次回忆起当初的情景时，他说："开除后，我该做什么，我没有一点头绪。但那时候我有一种模糊的感觉，通信行业即将迎来井喷式发展。因而，我开始在这个充满潜力的市场里寻找机会。"

任正非从中看到了一个巨大的商机，他认为中国的通信市场大有可为。正好当时他有一个朋友在做程控交换机的生意，由于缺少人脉而销路不畅，于是二人一拍即合，共同创业。任正非就这样踏入了通信领域。1987年，任正非拿着积攒下来的2.1万元，在深圳的一间简陋的出租房内创办了华为，主要业务是替一家香港公司代理交换机生意。

在发展的过程中，华为制定过无数项决策，其中的一些决策在当时饱受争议，事后却证明是行之有效的。这都要归功于管理层的远见卓识，而任正非的眼界起到了关键性的作用。

课后总结

　　眼界是一个人最大的财富。如果没有卓越的眼界，就不可能取得巨大的成功。

力争成为一流的国际性企业

华为公司若不想消亡，就一定要有世界领先的概念。我们最近制定了要在短期内将接入网产品达到世界级领先水平的计划，使我们成为第一流的接入网设备供应商。这是公司发展的一个战略转折点，就是经历了十年的卧薪尝胆，开始向高目标冲击。

选自任正非的《要从必然王国，走向自由王国》（1998年）

华为公司推出的许多项决策都与任正非的长远眼界密切相关。例如，华为公司始终坚持"以客户为中心，以奋斗者为本，长期坚持艰苦奋斗"的企业文化，即便取得了巨大的成就，也仍然强调奋斗精神；华为成立几年之后，就开始自主研发，如今每年投入的研发金额已经达到上千亿元；华为遭遇禁令，危急时刻任正非出面接受媒体采访时，却特别强调基础研究的重要性……

对于企业的发展方向，任正非有着清晰的规划。尽管任正非在创业初期一贫如洗，全家老小都挤在一间小小的屋子里，然而就是在这种情况下，任正非给华为指定了一个发展方向：跨出国门，力争成为国际一流企业。

起初，华为做一家香港公司的销售代理，并从中获得利润。在当时，这是一笔不错的买卖，国内厂商没有能力制造交换机，而国外厂商对中国市场不了解，双方各取所需，共同合作，一台交换机能卖到数百美元的价格，还有价格高昂的装机费，利润十分丰厚。然而，任正非是一个理想主义者，他不满足于做一个销售代理，他决心把华为做大做强，掌握属于自己的技术。

任正非清晰地认识到掌握技术的重要性，他说："在战场上，军人的使命是捍卫国家主权的尊严；在市场上，企业家的使命则是捍卫企业的市场地位。而现代商战中，只有技术自立才是根本，没有自己的科研支撑体系，企业地位就是一句空话。"

于是，任正非开启了华为的研发之路。在当时，很少有人相信研发这条路能够走得通，但还是有人愿意去尝试，华为就是其中之一。

另一方面，华为选择自主研发之路也是被逼无奈，任正非很清楚，当前的和平局面不会持续太久，"七国八制"的背景早晚会被打破，安静的国内市场会变成企业厮杀的战场。历史的发展印证了任正非的判断，20世纪90年代中期，中国的通信市场发生了巨变。由于国际通信市场逐渐趋于饱和，各大企业纷纷将目光集中到刚刚起步的中国市场，由此开始了日益激烈的市场争夺，给众多国内厂商带来了巨大的压力。很多缺乏自主知识产权的中国企业最终被一一淘汰，而研发实力较强的企业逐渐崭露头角，并在市场上站稳了脚跟。其中包括巨龙、大唐、中兴、华为，人们把这四家最具代表性的中国企业合称为"巨大中华"。

为了成为世界一流的企业，任正非也积极学习国外的先进知识和经验。1994年，任正非前往美国。在那里，他参观了CP公司、德州仪器、NS（国家半导体）、哈佛大学、麻省理工学院等世界知名的企业和学校，从而对美国有了更详细的了解。回来以后，他把这次旅行付诸文字，写成了《赴美考察散记》，详细叙述了自己的所见、所思、所感。

1997年冬天，任正非再次前往美国，访问了休斯公司、IBM公司、贝尔实验室与惠普公司等多家世界知名企业。通过这次考察，任正非从美国带回了先进的管理经验，在IBM公司的帮助下，对华为公司进行大改造。这次改造花费了数十亿元，轰动一时。

2001年，华为的业绩蒸蒸日上，任正非却从中看到了危机，为此他专程前往日本，向日本人学习度过冬天的经验。日本从20世纪90年代初起，经济便一直低迷，很多企业都倒闭了，也有很多企业活了下来，他们遇到了什么困难，有些什么经验，能给华为什么启示，这是任正非极力想要了解的。

在一代代华为人的不懈努力下，华为已经走上了国际舞台，被世界各国人民所了解。如今的华为历经风雨，却仍然屹立不倒，运营商业务、消费者业务、企业业务三箭齐发，都在各自的领域取得佳绩，华为渐渐步入鼎盛时期。但是华为人知道，前方的道路还很长，他们仍将继续奋斗。

课后总结

心有多大，天地就有多大，创业者需要的不仅仅是物质条件，更需要远大的理想和抱负，因为领导者的境界，决定了企业能够走多远。

品牌建设的核心因素是诚信

品牌的核心是诚信，是我们为客户提供的质量、服务与竞争力的提升。要紧紧围绕以客户为中心，形成我们的宣传主线，围绕品牌战略与宣传务虚。我考虑的是怎么紧紧围绕以客户的需求（远期的、近期的）为中心形成我们的宣传主线。怎么把我们对这种需求的解决方案，做成的体验，在全球可以体验。

选自任正非的《紧紧围绕客户，在战略层面宣传公司》（2013年）

长期以来，在一些消费者的眼中，"中国制造"是廉价、低质量的代名词，一些中国企业家不守规矩、没有诚信，给品牌形象蒙上了一层阴影，就连华为本身，也曾因此深受其害。2017年，华为爆发"闪存门"事件，由于华为P10手机存储混用，受到众多消费者的质疑和指责，给华为的品牌形象造成了不利影响。这是市场和消费者给华为人上的生动的一课。它让华为人意识到，在处理消费者业务时，一定要小心谨慎，容不得一丝一毫的麻痹大意，要以诚信的态度对待消费者，否则就会失掉人心。

"君子取之以道，小人趋之以利"，任正非对这句话推崇备至。大多数人之所以创业，是为了赚取丰厚的利润，但是赚钱也有很多种方法：有的人踏踏实实地做产品，一步一个脚印；也有的人投机取巧；还有的人甚至毫无道德底线，损害公众的利益。

任正非一直教导员工，要以诚心的态度，为客户提供优质的服务。他曾说："华为多年来铸就的成就只有两个字——诚信，诚信是生存之本、发展之源，诚信文化是公司最重要的无形资产。诚信也是每一个员工最宝贵的财富。"

诚信是一种美德，能帮助我们赢得他人的信任。在现代社会中，缺乏诚信就会无路可走。对于创业者而言，诚信更加重要，因为商业是利益的往来，而缺乏诚信会直接导致对方的利益受损。在一个法治社会中，正需要我们彰显诚信的力量。

然而，有了诚信也未必能够成功，还需要更多的努力，才能提升品牌形象。

第一，诚信需要依靠企业的实力。市场竞争终究是靠实力说话的，只有诚信，而没有实力，最终品牌不可能从市场竞争中脱颖而出。在创业的过程中，企业由小做大，实力逐渐变强，再给消费者留下诚信的形象，企业的竞争力就会更上一层楼。

第二，诚信也要用点"计谋"。世界上没有什么事情是绝对的，诚信也不例外，我们当然要坚持诚信为本的理念，但是在实际运作中，也要讲究谋略。对于创业者，诚信与谋略二者结合才会得到更好的回报。在复杂的竞争环境中，更需要以诚信对抗奸诈的谋略，才能避免"壮志未酬身先死"的悲剧。一味地坚持诚信，甚至把自己的底牌都亮出来，只会把企业引向毁灭的边缘。

第三，诚信需要持之以恒。做任何事都要坚持到底，不能半途而废，诚信也是如此。有时，一些诚信的举动未必能在第一时间给你带来回报，甚至可能永远不会给你带来回报，但是创业者不能因此改变诚信的理念。做生意总是有输有赢，那些没有回报的诚信，也是投资的一部分，我们不能因为一两次的失败就放弃投资。

纵观华为数十年的创业历程，以诚信对待客户的理念贯穿始终，其间或许会产生一些波折，但是总的态势没有发生改变，华为仍然坚持用诚信的态度为客户提供优质服务，因此华为的业务不断拓展，先占领国内市场，再进军国外市场，成为一家世界知名品牌。

课后总结

　　诚信是企业的立身之本，也是华为的一大利器。华为过去的成功建立在"诚信"这两个字上，未来仍将继续发扬诚信精神。

不想做代工厂，就要加大研发投入

作为高技术产品的程控交换机，同时也是高投入的，厂家只有紧跟世界先进技术水平，在开发上大量投入，才能保证设备具有世界一流的技术水平；只有在市场、培训、服务方面投入，才能保证设备在交换网运转良好，适应高质量通信网建设。

但目前市场并没有体现"优质优价"，做长线产品技术与设备大量投入，负担重，发展遇到重重困难，而短期行为投入少，利润却颇为不错。如果国内厂家几年之内，继续无资金进行更新改造，加速科研投入的话，几年后将被外国企业一扫而空。

选自任正非的《对中国农话网和交换机产业的一点看法》（1994年）

作为"世界工厂"，中国境内有很多不为大众所知的代工厂，他们只负责制造产品，却不负责设计和销售，也被称为"贴牌生产""生产外包"等。由于没有自己的品牌，因此无法获得消费者的信赖和支持，在整个生产体系中，只能获得微薄的利润。任正非不想做这样的代工厂，他要走自主研发之路。

然而，自主研发这条路很不好走，原因有很多。第一，门槛太高，当时中国刚刚打开封闭的大门，还未融入世界市场，在通信领域的技术积累与发达国家有着明显的差距。如此低的起点，给研发带来了很大的困难，更别说超越爱立信、西门子等老牌企业。第二，自主研发需要持续、大量地投入，而当时的任正非还在为一家老小的生活而发愁，要在短时间内拿出大量资金做研发，简直是天方夜谭。第三，自主研发的风险很大，并不能保证一定会成功，很可能投入大量资金以后，也没有任何收获。

这三个困难，犹如三座大山一般，横亘在中国企业面前，直到今天，依然给中国企业带来无尽的烦恼。中国企业除了要向国外先进企业缴纳高昂的专利费以外，还要时刻警惕断供的风险。

相比之下，做代工厂是个更明智的选择，技术难度相对较低，更容易成功。改革开放以后，大大小小的代工厂如雨后春笋一般在全国各地涌现出来，使得中国一跃成为世界工厂。

然而，从华为成立的第一天起，任正非就不满足于仅仅做一家代工厂，尽管在当时做代工厂是普遍现象。他要做的是世界一流的企业，他要将华为的业务扩展至全球，而不仅仅是成为国内第一。多年的军旅生涯为任正非铸就了强大的意志力，而他又将这种意志力贯彻到华为的发展中，使华为变成了一支具有野狼精神的团队。任何业务领域，华为不进入则已，一旦进入，就会力争做到世界第一。

为了达成世界第一的梦想，华为必须在自主研发中投入巨额费用。进入20世纪90年代以后，华为摆脱了最初的生存困境，积攒了第一桶金，于是开始大举投入研发。

90年代中期，华为自主研发的C&C08万门机研制成功。这款设备刚一出现，就在市场上大受好评，很快成为国内公用电话通信网中的主流交换机。C&C08万门机的成功，让任正非看到了实现梦想的可能。任正非决定，向英特尔、西门子、IBM等国外先进的科技企业学习，每年按照销售额的10%拨付研究经费，必要时还将加大投入的比例。

很快，华为凭借优秀的销售业绩，在国内市场崭露头角，而华为大力投入自主研发的举动，也引起了众多企业家的重视。2001年，联想总裁杨元庆来到华为参观，对华为的研发体系感到十分敬佩，当下表示要加大研发投入，让联想成为高科技的联想。任正非以一位长者和前辈的身份对他说："研发可不是一件容易的事，你要做好投入几十个亿，几年不冒泡的准备。""研发，你要做就得大做，你要是小打小闹还不如不做，因为做这个东西是很费钱的一件事。"

正如任正非所说，研发是一件很费钱的事，时至今日，华为在研发上的支出已经是国内第一。如此庞大的资金投入，势必会对企业的现金流造成巨大的压力，很少有公司能够承受得住。据统计，近10年来，华为在研发上的支出累计达到了4850亿元，仅2018年，华为的研发费用就高达1015亿元，超过BAT的总和。2019年1月2日，欧盟委员会正式公布了《2018年欧盟工业研发投资排名》，对全球数千家企业的会计年度研发投入进行了排名，榜单的前五名分别是韩国三星电子、美国谷歌母公司Alphabet、德国大众、美国微软和中国华为。需要注意的是，在榜单的前五十名里，华为是唯一一家上榜的中国公司。

持之以恒的研发投入，也给华为带来了丰厚的回报。根据国家知识产权局的统计数据可知，2018年，我国共授权发明专利43.2万件，其中华为名列第一。在竞争激烈的5G领域，华为凭借长久的技术积累，成为全球5G标准的主导者之一，处于领先地位。

课后总结

　　在高科技领域，加大研发投入才可以拥有核心技术，才能在激烈的市场竞争中形成优势，因此任正非说："技术开发的动力是为了生存。"

不要煽动民族情绪，老老实实做产品

整个考察期间，我们深感，美国人踏踏实实、十分专一的认真精神，精益求精的工作作风，毫无保守的学术风气，是值得我们学习的。美国人没有像中国人那么多远大的理想，也没有胸怀祖国、放眼世界的空洞抱负，也不像我们那样充满幻想。这个民族踏踏实实、不屈不挠的奋斗精神是值得我们学习的。

选自任正非的《赴美考察散记》（1994年）

经济学家们认为，社会化大分工可以增加社会的财富总量，由此产生的全球化活动，给各个国家都带来了一定的好处。然而，由于现实利益和意识形态等多种原因，全球化的趋势遇到了阻力，例如美国政府对中兴、华为等中国厂商的打压和封杀，给全球的进程蒙上了一层阴影。在这种背景下，任正非不得不亲自出面，接受全球各大媒体的采访。

在采访中，记者谈起了网友对华为的关心，以及汹涌的民间情绪。"现在大家对华为有两种情绪：第一，很鲜明的爱国主义，把对华为的支持上升到支持爱国的高度上；第二，华为绑架了全社会的爱国情绪，要是不挺华为就不爱国。现在情绪越来越严重了。"

对于这个问题，任正非提出了自己的看法，他说："华为产品只是商品，如果喜欢就用，不喜欢就不用，不要和政治挂钩。华为毕竟是商业公司，我们在广告牌上从来没有'为国争光'这类话。只是最近的誓师大会有时候瞎喊几句，但是我们会马上出文件制止他们瞎喊口号，大家开庆功会、发奖章都没有问题，茶余饭后说两句过头话没问题，但是千万不能煽起民粹主义的风。"

在整场谈话中，任正非始终表现得坦坦荡荡，犹如身经百战的老将。一场接着一场的媒体采访，让人们见识到了这位年过七旬的老者的理性和从容。任正非用宽广的胸怀、冷静沉着的头脑、胆识过人的魄力，赢得了众多网民的支持和称赞。

对于现阶段的华为而言，煽动民族情绪可以帮助华为赢得全国人民的同情和支持，但是任正非并不赞成这么做，因为他很清楚，国家的前途在于开放，改革和开放仍将是中国的主要方向，不可能被贸易战阻挠。煽动民族情绪，表面上看是在维护中国的利益，实际上是在阻碍国家改革开放的进程，华为绝对不会这么做，任何公司也都不应该这么做。

况且，一家公司究竟能走多远，最终还是要看产品，只有做出的产品满足了消费者的需求，才能真正获得消费者的信任和喜爱。

面对重重艰难和险阻，华为没有使用意识形态的武器，而是不断提升自己的硬实力，从技术和经济的角度寻求解决问题的方法。华为的选择是提前做好准备，老老实实地做好产品。在美国禁令之后，华为海思总裁何庭波很快发表了一篇内部信，宣告华为海思"在一夜之间全部转正"，从而保证了华为大部分产品的战略安全和连续供应。

原来，早在多年以前，华为就已经做出了极限生存的假设，而海思就是在这种假设下成立的。面对核心技术的缺失，大多数企业的选择是"造不如买"，因为研发需要巨额的投入，还要承担很多风险，相比之下，从市场上购买显得更划算。但是在中美贸易战的背景下，一纸禁令就可以让"造不如买"的美梦成为泡影。即便是坚定信仰市场的人，也要防止别人用技术来发起战争。

"打铁还需自身硬"，只有踏踏实实的工作精神，才能制造出质量过硬的产品。海思芯片、5G专利、鸿蒙系统，这些共同构筑了华为的护城河。任正非的自信，来源于华为强大的实力，以及面对危险时的充足准备，这一点值得所有创业者学习。

课/后总/结

　　作为企业的管理者，不能迷失商业中最核心的东西。要想将企业做大做强，就必须遵从商业的规则，回归商业的本质。

允许试错，对失败多一点包容

人与人的差异是客观存在的。所谓宽容，本质就是容忍人与人之间的差异。不同性格、不同特长、不同偏好的人能否凝聚在组织目标和愿景的旗帜下，靠的就是管理者的宽容。宽容别人，其实就是宽容我们自己。多一点对别人的宽容，其实，我们生命中就多了一点空间。

选自任正非的《开放、妥协与灰度》（2009年）

说起华为的管理，很多人首先会想到"狼性文化""末位淘汰制"等，误以为华为是一家不讲情面的公司，甚至有人批评华为只有狼性，没有人性。其实，华为也有它宽容的一面。对于管理层，华为的要求很严格；对于员工，华为一向是很宽容的。

华为是反对完美主义的，华为人认为完美无缺的事物是不存在的，至少不是华为能够做到的。任正非说："跳芭蕾舞的女孩都有一双粗腿。"芭蕾舞演员在舞台上翩翩起舞，由于长期的训练，她们的双腿比一般的女孩更粗，也更有力量，但这并不妨碍她们的优雅，因为她们的舞姿很优美。

创业之路总是充满了不确定性，其间很难保证一帆风顺，即便是世界上最聪明、最伟大的企业家，也有犯错的时候。任正非知道这个道理，因为在创办华为的过程中，他也犯过很多错误，甚至一度濒临绝境。

有一段时间，华为连工资都发不出来，任正非只好给员工打欠条。他对研发人员说："研发成功，我们都有发展；如果研发失败，我只有从楼上跳下去。"后来，他又想出了一个办法，他把拖欠的工资折算成股份，约定将来员工可以凭借虚拟股份参与公司分红。华为最具传奇色彩的"虚拟受限股"就是这样出现的，它不是任正非有意为之，而是被逼无奈之下的选择。

2002年前后，华为又一次犯下战略失误。当时3G牌照迟迟不落地，而中国电信正在从日本引进小灵通，很多公司于是借机发展小灵通业务。华为内部也有很多人建议发展小灵通，然而华为将巨额资金和大量人力投进了当时在全球还没有商用的3G研发中。任正非不愿意分心，他认为这是个短暂的机会，不会持续很长时间，于是拒绝了这个提议。于是，在小灵通业务火热的时候，华为主动放弃了这个机会，出现了成立以来的首次亏损，而华为的对手如中兴、UT斯达康等，依靠小灵通业务的高速发展，在规模上逐渐逼近华为。

多次出现的战略失误，让华为人吃了不少苦头，却也锻炼了华为人的意志力。他们变得更加坚韧，以更加沉稳的心态面对市场，业绩急速增长，成为世界知名企业。华为能宽容失败，允许试错，没有前几次的失败经验，就没有华为的今天。

一个没有包容心的企业，管理制度会走向僵化，离死亡也就不远了。华为的企业文化是包容的，允许各种不同的意见，尽管任正非有时不赞同别人的意见，但他还是注意倾听，试图从中发现合理的意见。任正非甚至专门打造了一项特殊的制度——成立蓝军组织。蓝军专门负责寻找华为的弱点，并且提出批评意见。华为还从蓝军的优秀干部中选拔"红军"司令。没有能力打垮华为的人，说明他的职位已经到了天花板。只有找得到华为死穴的人，才有可能改进组织。

任正非认为，允许异见的存在，是公司的一种战略储备。很多企业都存在这样一种现象：他们非常渴望招揽人才，但是等人才进入公司以后，却又不给他们发挥才能的空间，要求他们按照公司的模式去做事，这就相当于让人才做事，却又把他们的手脚绑住。

课/后/总/结

　　由于性格、思维方式、教育背景等不同，创业合伙人之间难免会产生异议，如果缺乏包容心，不能妥善对待不同意见，那么团队终将会面临解散的命运。

第二章
保持战略定力，才能走得长远

战术上的勤奋，永远无法掩盖战略上的懒惰。战略的大方向出了问题，再好的战术也无力扭转局面。所谓的战略定力，就是在把握大形势的前提下，为实现战略目标而应具备的战略自信、意志和毅力。创业是一场漫长的马拉松，需要沉得住气，不为一时的利益而动摇。

管道战略：把力量集中在主航道上

> 我们公司就是太重视细节了，缺少战略家。我们要打开城墙缺口，我不在乎你是一发炮弹炸开的还是六发炮弹炸开的，我要求的就是打开城墙，冲进去占领这个城市，那有多少财富呀！我不是说不该降低成本和提升质量，而是要看战略机会点，看谁更重要。一定要把战略力量集中在关键的突破口上，集中在主航道上、主战场上。
>
> 选自任正非于2011年在无线业务汇报会的讲话纪要

在创业早期，任正非采取的是跟随战略，因为那时的华为十分弱小，公司的研发实力不强，只能向西方先进企业学习。等华为逐渐强大，任正非对公司的战略决策也有了更多的思考，他将公司的主要资源集中在通信领域，并且围绕着通信领域发展业务。这就是华为聚焦主航道的战略，也被称为管道战略。管道战略是指把经营战略的重点放在一个特定的目标上，为特定的地区或特定的购买群体提供产品或服务，以便迅速巩固基本盘。

2012年，华为公司正式提出了管道战略。管道就是主航道，它是一种获取资源和输出资源的途径。"管道"这个名称，来源于一个故事：

有一个村子十分缺水，需要水源，但是水源却在很远的地方。起初人们采用传统的方法，将水一桶一桶地从河边挑回来，后来村民们开通了一条管道，将清水从河流引到村子里，只需要打开水龙头，清水便会源源不断地流淌出来。

华为的战略就像这根连接水源地和村庄的管道。任正非说："什么叫主航道？世界上每个东西都有正态分布，我们只做正态分布中间的那一段，别的不做了，说那个地方很赚钱我们也不做，也卖不了几个。我们就往主航道、主潮流上走，有流量就有胜利的机会。"

华为坚持管道战略，聚焦于主航道，并且据此对公司的各项业务进行整合，以便使资源配置达到最优化。

在消费者领域，华为将自己的业务限制在网络终端，而不做非连接的消费类电子产品，因为网络终端能够消费流量；在企业领域，华为只提供基础设施，而不去做应用软件；在运营商领域，华为重点打造的是"高带宽、多业务、零等待"的客户体验。

华为曾经组建过一个软件部门，该部门拥有2300名员工，每年耗资上百亿美元，但是没有取得很好的效果，于是华为决定关闭该部门，将员工转移至主航道上，如消费者业务、云业务等。

通过管道战略，华为目前已经形成了三大核心业务，分别是运营商业务、消费者业务、企业业务。针对这三个领域，华为分别成立了各自的BG（business group，事业群），为三类不同的客户提供ICT（Information Communications Technology，信息、通信、技术）解决方案。

在创业之路上，华为的管道战略非常值得创业者学习。创业型公司通常实力较弱，资源有限，必须将有限的资源集中到主航道上，才能迅速取得突破。如果资源太分散，就会导致公司发展受阻，即便短时间内获得了高额利润，长远来看，也不利于公司的战略发展。

 课后总结

　　华为战略的指导思想：只做自己最擅长的事，有所为有所不为，集中精力打歼灭战，这是管理成熟的开始。

坚持战略聚焦，不要盲目铺开摊子

> 企业业务要抓住成功的部分，先纵向发展，再横向扩张。智慧城市、金融行业的IT向云架构转型、电力行业的数字化、政府和企业对云服务的需求，都是重要战略机会。平安城市是智慧城市的一个抓手。千万不要大铺摊子，失去战略聚焦的机会。

选自任正非的《决胜取决于坚如磐石的信念，信念来自专注》（2016年）

谈起战略扩张，任正非说他并不指望企业的业务迅猛发展，也不认为需要立刻做大做强，作为华为公司的"舵手"，他考虑的是把业务做扎实，实现盈利，确保长远的发展。因此，面向未来，华为的战略是聚焦再聚焦，先修炼好内功，再向外扩张。相比之下，很多创业者最常犯的错误之一就是盲目铺开摊子，无法实现战略聚焦，最后寸步难行。

在写给员工的内部文章中，任正非经常提起"上甘岭""范弗里特弹药量""饱和攻击"等词语。他要表达的意思是一致的，即不在非战略机会点浪费战略力量，而是向着一个"城墙口"进攻。当华为只有几十个人的时候，他们对着一个关键点发起冲锋；当华为已经有十几万人的时候，他们还是这样做的。

任正非喜欢集中优势兵力打歼灭战，因此我们会发现华为的发展总是围绕着电子信息领域。深圳曾经出现炒房和炒股票的热潮，但是华为从来不分散精力去做房地产和股票，而是始终认认真真地研究技术，这不是因为任正非不爱钱，而是因为他对未来有着清晰的战略方向。任正非认为，未来的世界是知识的世界，而不是泡沫的世界。

时至今日，华为仍然坚持战略聚焦。当5G成为全球人民共同讨论的热词时，华为凭借多年的技术积累站在了历史的前沿。5G、手机、电脑等产品成为华为重点关注的项目，同时也为IOT物联网提供技术支持，制定产业标准，却很少涉足IOT的具体产品。

任正非对战略扩张的态度一向是十分谨慎的，他甚至在《华为基本法》中写入了"永不进入信息服务业"的条例。然而，现实总是在不断变化，企业战略也不可能永远保持不变，它必须根据社会的发展做出革新，否则就会面临淘汰的危险。

华为的战略并非一成不变的，也曾一波三折。2000年前后，华为正处于急速成长中，然而任正非却从中看到了隐患。他很清楚，按照华为目前的发展速度，迟早会与美国公司发生利益冲突，为了避免冲突，任正非决定把华为卖给美国人，用他的话来说就是"一群中国人戴着一顶美国'牛仔帽'打遍全世界"。2003年12月的一天早晨，任正非穿上花衬衫和短裤，与摩托罗拉的首席运营官一起在海南岛的海滩上漫步，双方交谈甚欢，并签署意向书，准备作价75亿美金把华为卖给摩托罗拉。意向书签好之后，对方却反悔了。那段时间内，摩托罗拉公司高层发生变动，新董事长认为价格太高，拒绝了收购，要重新商议价格。此时，华为内部的少壮派一致表决"不卖"，华为只好重新拟定战略。从此以后，华为开始坚定地走独立自主的道路，并且为以后可能发生的冲突做准备。或许就是从那时开始，任正非就已经在为那个"以为永远不会发生的假设"做准备了。

2011—2013年，华为再次迎来战略上的重大转变。当时小米凭借着互联网思维推出的物美价廉的智能手机，迅速受到众多年轻消费者的喜爱，而华为仍在沿用传统思维，为运营商制造贴牌手机。小米的成功，在华为内部引起了一场大讨论。其中，以余承东为代表的革新派力主改变战略，学习小米的互联网思维。余承东的主张得到了任正非的支持，于是华为开始了战略大转变，由"中华酷联"的传统思维，转变为互联网思维。在学习对手的同时，华为还根据自身条件进行了战略定位的创新：一方面成立荣耀子品牌，对标小米；另一方面保留华为品牌，对标苹果、三星、OPPO等。最终双双取得成功。在华为的2018年财报中，消费者业务同比增长45.1%，成为公司三大业务营收之首。

课后总结

在坚守战略聚焦的同时，也要寻找机会进行战略创新，以免错过转型的时机。

企业必须保持合理的成长速度

　　没有合理的成长速度，就没有足够的利润来支撑企业的发展。我们的企业生存在信息社会里，由于信息的广泛传播，人们的智力得到更大的开发和更大的解放，能够创造出更多的新产品和新技术来服务于这个世界。由于信息网络的加速庞大，使得所有新产品和新技术的生命周期越来越短。不能紧紧抓住机会窗短短开启的时间，获得规模效益，那么企业的发展会越来越困难。

　　没有合理的成长速度，就没有足够的能力给员工提供更多的发展机会，从而吸引更多企业所需的优秀人才。人才的发展是马太效应，当我们企业有很好的经济效益时，就能更多地支撑人才加入，有了更多的优秀人才进入华为，由于我们有较高的管理水平，就会使人才尽快地成长起来，创造更多的财富。以更多的财富支撑更多的人才来加入，使我们的企业管理更加优化。我们的企业就有了持续发展的基础。

　　没有合理的成长速度，就会落后于竞争对手，最终将导致公司的死亡。那么怎样才能使发展速度更快？只有靠管理，靠服务。

选自任正非的《不做昙花一现的英雄》（1998年）

　　把企业做强做大是每个创业者的梦想，但是企业的发展受到各种因素的制约，因此需要遵循客观规律。对于一家企业而言，保持合理的发展速度是非常重要的。成长的速度太快或太慢，都会对企业产生不利影响。通过保持合理的增长速度，华为给员工提供了发展的机会，让他们得以实现自身的价值，而公司利润的增长，也为他们提供了丰厚的报酬。

　　很多创业者往往忽略了自身的实力以及市场的真实情况，从而导致做出了错误的判断。有的企业发展速度太快，但是自身实力不足，加上市场竞争已经趋于饱和，结果发现公司扩大规模之后，没有获得相应的业务量，过高的成本使得他们难以为继。另一种情况与之相反，企业的各项条件都很好，市场上的竞争也不充分，此时正应当快速推出，抢占市场，却由于创业者的犹豫而错失良机。

　　华为的战略原则是"要达到和保持高于行业平均，或者高于行业中主要竞争对手的成长速度"。例如，近几年来，华为消费者BG的成长速度非常惊人，尤其是华为的手机业务，在短短几年之内就发展到世界前三，并且仍然保持着高速发展。与此同时，华为的售后服务也在同步跟随。在华为的官网上，消费者能够轻松找到售后服务的链接，并查到详尽、公开的维修配件价格以及人工费用。同时，华为消费者BG还在全国设有很多寄修服务中心。

　　这并不是任正非的主观意愿，而是由华为的性质决定的。华为是一家科技企业，科技企业的特点就是发展速度快、发展周期短，这迫使华为要保持高速发展，方能突破对手的封锁。

　　那么，如何才能确保合理的发展速度呢？在任正非看来，只有靠管理和服务。没有管理就形不成力量，没有服务就会失去方向。企业要做大做强，根本还是在于自身的实力，科技企业要想由弱变强，必须在能力的培养上多下功夫。

1. 企业的盈利能力

企业经营的核心首先是生存和发展，最终目的是盈利，这是企业家要考虑的第一因素。假如发展速度太快，盈利能力却跟不上，就会导致企业账面形成财务窟窿，这显然是不合理的。

2. 企业的创新能力

信息技术的发展，使得市场竞争日趋激烈，要想获得快速发展，就要有一定的创新能力。一般而言，企业的创新有三种模式：第一种是营销创新，是指根据营销环境的变化情况，并结合企业自身的资源条件和经营实力，寻求营销要素的创新；第二种是市场创新，是指随着社会的发展，企业为了开辟新的市场、扩大市场份额而产生的创新模式，例如以阿里巴巴为代表的电子商务改变了支付市场；第三种是产品创新，站在客户的角度发现客户的潜在需求，设计全新的产品，或者在老产品的基础上进行改进。

3. 企业的抗风险能力

企业的抗风险能力是由多重因素决定的，其中包括企业的规模、企业的现金流等。提高抗风险能力关键在于保证业绩增长，公司业绩成长确定性强，经营稳健，抗风险能力就会进一步加强。

如果企业的抗风险能力较差，在设定发展速度时，就应当持谨慎态度，以免使企业陷入危险的境地。此外，也要考虑企业所在行业的风险情况，参考同行业企业的平均寿命，以便为企业的发展速度提供参考。

　　企业要控制好发展速度：既不能跑得太慢，否则会落后于对手；也不能跑得太快，以防摔跟头。

坚持不上市是华为成功的一大原因

任何一个部门扩张到一定程度以后都会扩张不动了，这个时候就要回过头来进行精细化管理，但这并不是说前进的部队就不加强精细化管理。所以我认为我们的计划体制是用来作战的，而不是用来向总部汇报的，一定要谨记。这一点一定要重视，如果不是这样的话，我们公司会逐渐萎缩的。西方公司一看财务质量不好马上就裁员，一裁财务质量就好了。爱立信没有前几年的裁员，我们是干不过它的。华为公司是非上市公司，有比较灵活的财务制度。我们讲过非上市公司必赢这场战争，因为上市公司是关注三到五个月的财务报表，不然出问题股价就会跌下去，我们是关注三到五年后的财务质量，最终当然是我们厉害。

选自任正非的《看莫斯科保卫战有感》（2008年）

在资本市场上进行IPO（首次公开发行股票），获得财务自由，这是很多创业者的梦想。然而，也有一些人选择了不同的道路，他们把公司经营得有声有色，却始终坚持不上市。华为就是这样一家公司。在外界看来，华为是一家充满了神秘气息的公司：作为一家民营企业，始终坚持不上市，不对外部资本开放。尽管如此，华为还是成长起来了，并且在多个领域取得了优异的成绩。

对于很多创业者而言，上市有很多好处。为了达到上市条件，公司必须改进管理，使得管理变得更规范，更透明，更受市场信任。上市以后，融资更加容易，融资的成本也更低。例如，上市公司通过银行贷款融资的成本比未上市的公司更低。而且上市之后的财富变现能力更强，很多创业者团队的梦想就是尽快促成公司上市，然后套取现金，成功实现财务自由。

然而上市也有不好的地方。首先，上市以后会不可避免地引入外部资金，发行股票的同时，也将公司的所有权发售出去了。此后，公司的重大决策就不能由老板一个人拍板了，必须征得股东大会的同意，相当于削弱了创业者对公司的控制权。此外，一些负面新闻会对公司产生很大的影响，突出表现为对公司股价的影响。更重要的是，上市后，公司必须披露大量的信息，包括财务信息、商业往来信息等，一些原本不宜公开的商业合作也会被公开，这会给竞争对手提供帮助，使他们更容易做出有针对性的决策。也正因为如此，一些原本非常优秀的企业，上市后反而失去了活力。

华为公司至今没有上市，其中一个很重要的原因是华为是一家极其重视研发的科技型企业。2019年3月31日，在2019中国（深圳）IT领袖峰会上，华为消费者业务CEO余承东在谈到此事时，说："上市公司为了财报好看，会把短期利润做得很高，但是非上市公司的特点是为远期的利润投了很多钱。"这说明，任正非的核心理念是投资未来，而不是赚取眼前的利润。

任正非认为，企业的价值是由劳动、知识、企业家和资本共同创造的。公司实行知识资本化，让每个员工通过将一部分劳动所得转成资本，成为企业的主人。而这正是华为能够赶超业界同行的原因之一。华为的员工也是公司的所有者，因此他们往往会着眼长远，不会急于套现。

华为在引入外部资本时，总是能够保持谨慎的态度。华为不会贸然上市，因为这有可能使其落入资本的圈钱游戏中。华为的长远梦想是以技术引领全球通信设备领域，而新进的股东会为了追求财富最大化，不愿意让华为在研发上投入大笔资金。这与华为的梦想背道而驰。假如华为贸然上市，二者肯定会产生矛盾。

企业的发展不能单纯地由资本说了算，因为资本的本质是追求保值增值，甚至企图在短期内获得较大的投资收益，这会影响企业的长远健康发展。相对来说，如果这家企业的主人抱着主人翁的态度来经营，那么就不会只注重眼前的利益，而是会更注重企业未来的发展。

正确的战略决策，加上优秀的管理模式，给华为带来了巨额的现金流，使华为成为当今世界500强中为数不多的非上市公司。

 课后总结

作为一家企业的主人，创业者应当有更长远的目光，而不是紧盯着眼前的利益。资本总是具有投机倾向的，因此企业在谋求发展时，要对资本有清醒的认识。

坚持走农村包围城市的道路

创立企业良好形象，树立企业一代国际风范。随着外国资本逐渐进驻中国通信舞台，历史已将民族通信工业抛向无情的国际市场。中国要发展，唯有靠自强。中国民族通信工业要想立足于世界通信市场，除了有现代化的管理水平外，创立良好的企业形象和国际风范随公司发展同样至关重要。财务的引资、融资，物料的器件采购无不和外界乃至国外有着千丝万缕的关系。你们的举手投足代表着华为，你们的形象代表着祖国。公司要求每一位员工在对外关系时，要始终提高警惕，洁身自好，自觉抵制各种腐朽思想的侵蚀，坚决维护华为良好企业形象，树立一代企业国际风范。即将赴任的各位中高级干部更是应该如此。

选自任正非的《励精图治，再创辉煌》（1995年）

面对实力强大的对手，创业公司的选择通常不多。要想获得发展，二者难免会产生矛盾，然而在实力差距面前，小公司的胜算很少，最明智的选择是韬光养晦，在对手的势力之外慢慢积攒力量，这就是农村包围城市的道路。由一家代理商，发展为如今的世界500强，华为就是通过走农村包围城市的道路做到的。

如果对任正非较为关注，就不难发现，他是一个非常重视战略思想的人，多年的军旅生涯给他留下了深刻的印象，因此他的很多谈话中都流露出浓厚的军事风格。农村包围城市的道路最初是由毛泽东主席提出来的，在中国共产党处于生死存亡的关键时刻，毛主席大胆地提出：农村包围城市，建立农村革命根据地，最后夺取城市，实现全国解放。任正非对毛主席的战略智慧进行深入学习和研究，然后创造性地运用在了商业竞争中，发展成商业版的农村包围城市。

华为是任正非在一穷二白的时候创建的，"七八个人，十几条枪"是对华为的真实反映。与此同时，国内市场群雄林立，其中许多还是阿尔卡特、朗讯、北电等国际老牌企业。客户更愿意购买知名企业的产品，而不愿意购买华为的产品。在国际老牌企业面前，华为毫无胜算，因此任正非决定另觅出路。他决定前往对手不太关注的农村地区，虽然农村地区的富裕程度比不上城市，但是好在用户规模庞大，华为借此建立了自己的根据地，同时打通了一条独特的农村渠道，再由农村到城市，华为的产品发展之路完美地复制了革命先辈的胜利之路。

借助于农村包围城市的战略道路，华为迅速在农村地区打开了一片市场，然而事情还没完，华为最终仍然需要回到城市，因为城市才是通信企业争夺的主战场。于是，华为在完成农村包围城市的任务之后，于1995年底开始了夺取城市的任务阶段。要在城市里站稳脚跟，华为就必须在技术上自立自强，一个没有技术积累的通信企业注定走不远。因此，任正非始终坚持以科技立命，他相信枪杆子里出政权。华为向西方先进企业学习，每年都会从销售额中抽取大量资金投入技术研发，从而研发出了一批竞争力极强的产品，其中就包括华为自主研发的C&C08数字程控交换机，以及之后推出的万门交换机，这两款产品为华为带来了大量的订单，帮助华为打了一个漂亮的翻身仗。

在国内站稳脚跟之后，任正非又将视野转向国际市场。在开辟国际市场时，任正非再次使用了农村包围城市的策略。他首先瞄准的是香港市场，香港当时尚未回归，但是已经与大陆有了密切的经济联系，恰逢和记电信正在招标，有人便推荐了华为。华为接下项目以后，仅用了三个月就顺利完成项目，而且价格比国际品牌便宜了不少。

后来，华为又以物美价廉的产品相继打通了亚洲、非洲、拉美等多个地区的市场，然后再大举进军欧美市场，终于获得了较高的知名度，成为"先做大后做强"的典范。

课/后总/结

　　华为的发展历程证明：前期靠规模优势，后期靠品牌效应，是一条切实可行的路。

不懂战略退却，就不会懂战略进攻

> 有所为而有所不为，不能在世界战略领先的产品，我认为就应该退出生命周期。对于产业的战略性退出，一定要有序地退出。
>
> 选自任正非的《不懂战略退却的人，就不会战略进攻》（2019年）

2019年6月，华为卖掉了海底光缆业务，引起了人们的关注和讨论。华为曾经在2008年与全球海事系统有限公司联合成立了华为海洋，华为在其中占比51%，试图参与海底电缆业务，从而更进一步地连接互联网事业。根据华为海洋官网显示，公司累计建设90项海洋铺设或升级工程，总长超过5万千米，行业排名第四。尽管华为的海底光缆业务开展得很成功，但华为还是将这项业务卖掉了。

华为这样做的原因有很多，最重要的一点是华为在发展过程中遇到了前所未有的阻碍。综合考量之后，任正非还是决定将它卖掉。他说："未来是赢家通吃的时代，我们主航道的所有产业都要有远大理想，要么就不做，要做就要做到全球第一。"

在商业竞争中，战略退却是一种常见的企业行为。当实力处于劣势时，可以把发展潜力小或无发展前途的业务砍掉，从而保存实力，为以后的发展做准备。对于创业者而言，在恰当的时机选择战略退却，不失为明智之举。

企业实现盈利并不难，难的是长期坚持下去，即便是被很多人奉为商业神话的马云，也只敢说希望阿里巴巴能够成为一家"102年的企业"。创业者需要有长远的目光，这就是所谓的战略布局，一个明智的战略决策者不会把目光局限于当下，而是会对未来做长远考虑。如果一项业务的前景不明朗，并且会消耗大量的战略资源，甚至影响到公司的主航道，那么不妨把战略退却当作一项选择。

华为的消费者业务所走的也是先进行战略退却，待到形成独特优势之后，再进行战略反攻的道路。起初，华为手机部门为全球的运营商供货，制造白牌机，做出来的手机全部贴上运营商的商标，而不是华为的自主品牌，虽然供货量很大，但是利润极低。随着时代的发展，国产智能手机逐步崛起，华为也面临着艰难的抉择。危急时刻，任正非任命余承东为华为消费者业务CEO。余承东力主改革，他说："华为从早期做模拟程控交换机，到数字程控交换机，从光网络传输进入无线通信行业，再后来发展企业业务，转型做终端……如果华为还停留在程控交换机时代，早就关门了。行业在改变，如果我们不改变就会死掉，就会像恐龙一样没有跟上环境变化而很快灭绝。"

余承东上任之后，做的第一件事就是砍掉原有的白牌机业务，转型开发华为的自主品牌，最终大获成功。2011年，华为砍掉了3000万部低端智能机和中端机，这在当时是一笔不小的损失，然而2018年华为手机出货量已经超过2亿部。现在看来，华为以微小的损失，换来了丰厚的胜利果实。

战略退却是一种战略布局，而不是逃跑。面对极端的困难，企业无法在短时间内迅速将其破解，只能选择暂避锋芒，保存实力，等待下一个时机。也就是说，战略退却不是消极的逃跑，而是积极的战略布局，是为反攻创造有利的条件，是以退为进，是整体战略规划的一个阶段。

在信息时代，产业的生命周期会越来越短，门槛会越来越高，这无疑会使企业竞争更加激烈，企业要想生存下来，必须要学会战略退却。退却仅是战略防御的第一阶段，更重要的是为反攻做好准备，那么如何才能反攻呢？最好的办法是走差异化路线，形成自己的独特优势，并且加固企业的护城河，使别人难以赶上自己。

课后总结

在商业竞争中，创业者必须具备敏锐的眼光，学会审时度势，灵活取舍攻守之策。

第三章
艰苦奋斗，活下去是创业的首要纲领

艰苦奋斗是中华民族的传统美德，也是华为人长期尊奉的企业文化，任正非将艰苦奋斗打造成华为的魂。从一个默默无闻的代理商，到如今享誉全球的科技企业，华为人在这条道路上挥洒了无数汗水。可以说，华为之所以有今天的成就，首先要归功于华为人艰苦奋斗的精神。

艰苦奋斗是唯一的出路

我们还是要做艰苦奋斗的准备。我们不是什么富裕阶级。我们有的主管已经把自己当作富人，带动了整个地区部的消费水平急剧上升，结果搞行政服务的人就有13个人。人增加了，就要给这些人增加服务，增加了服务人员，还要给这些服务人员增加服务。这样做的结果，大家都比赛，没有好的生活条件就不出国了。因此选拔干部过程中还是要看思想品德中有没有艰苦奋斗的精神，我要的是敢于在上甘岭爬冰卧雪，我才能提拔你为将军。将军当然要能打仗，但只能在爬冰卧雪中去培养。不愿意爬冰卧雪的我们就不认同，就不给你这个机会。

选自任正非的《全流程降低成本和费用提高盈利能力》（2006年）

谈起科技型企业，人们想到的往往是丰厚的薪水、优雅的生活、自由的工作环境。例如，谷歌的工作环境一直为人津津乐道，谷歌为员工配备了各式各样的娱乐设施，让员工在工作之余也能享受到人生的乐趣。

同样是科技型企业，华为给人们的印象则和谷歌完全不同。在华为，"艰苦奋斗"是人们耳熟能详的词语，从管理层到基层，都被灌输了奋斗精神。华为从来不提让员工感到舒适，而是一再宣扬"狼性文化"。

作为一家科技型企业，华为如今已经在世界通信领域处于顶尖地位，按理说应该把技术和产品作为真正的生命力，为什么华为偏偏要谈艰苦奋斗呢？因为任正非很清楚，华为固然要在技术、产品、市场、营销、质量等各个领域同时发力，然而这一切都是表象，企业的核心是人，只有发自内心的奋斗精神，才能展现出远超常人的智慧。

谷歌和华为在企业文化上的差别，体现出两家公司在处世哲学上的不同，也从侧面反映出两家公司的发展历程。谷歌诞生于经济实力雄厚的美国，从创立之初就享有得天独厚的条件，包括源源不断的资金和学习成绩优异的员工。这些条件是华为所不具备的。任正非创建华为时，注册资金仅有2.1万元，在之后的几年时间里，又数次遭遇重大挫折，甚至险些破产。任正非的创业生涯，几乎都是在战战兢兢、如履薄冰的状态中度过的。因此，任正非把艰苦奋斗看作唯一的出路。事实也证明，华为只有艰苦奋斗，才能走向更加光明的未来。

任正非是从苦难中走出来的，他的一生都伴随着艰苦奋斗。艰苦奋斗曾是任正非无奈之下的选择，但当他走过坎坷，步入人生的新天地时，他依然没有忘记当初的经历，生活早已在他的身上留下了烙印。即便在华为已经发展壮大以后，任正非也还是不忘在大会上提起奋斗。2009年，65岁的任正非在EMT办公会议上说："任何员工，无论你来自哪个国家，无论新老，只要坚持奋斗，绩效贡献大于成本，我们都将视为宝贵财富，不断激励你成长。"

2014年4月，李小文院士因为在中国科学院做讲座时身穿青色布衣，脚上穿着一双布鞋，而在网络上悄然走红，被人们亲切地称为"布鞋院士"。这种"扫地僧"似的精神打动了任正非，他很快让人以这张照片制作了一幅广告，广告上写着："华为坚持什么精神？努力向李小文学习。在大机会时代，千万不要机会主义。开放，开放，再开放。"

如今的任正非已经年过七旬，但是他仍然保持着每天工作的习惯。艰苦奋斗也已经成为华为精神的魂，是华为文化的主旋律。任何时候，华为都不会因为发展壮大而丢掉自己的根本——艰苦奋斗。

课 后 总 结

> 古人说："成由勤俭败由奢。"唯有艰苦奋斗，方能成就伟大。

华为的成功离不开狼性精神

> HAY公司曾问我是如何发现企业的优秀员工的，我说我永远都不知道谁是优秀员工，就像我不知道在茫茫荒原上到底谁是领头狼一样。企业就是要发展一批狼，狼有三大特性：一是敏锐的嗅觉，二是不屈不挠、奋不顾身的进攻精神，三是群体奋斗的意识。企业要扩张，必须有这三要素。所以要构筑一个宽松的环境，让大家去努力奋斗，在新机会点出现时，自然会有一批领袖站出来去争夺市场先机。市场部有一个狼狈组织计划，就是强调了组织的进攻性（狼）与管理性（狈）。
>
> 选自任正非的《华为的红旗到底能打多久》（1998年）

很多著名企业将"狼性"引入其内部。华为就是其中之一。

作为华为公司的创始人，任正非对狼性精神非常推崇，他将狼性精神确立为公司的企业文化，以此鼓励员工发扬艰苦奋斗的精神。任正非说："企业发展就是要发展一批狼。"他认为，狼具有三大特性，即敏锐的嗅觉，不屈不挠、奋不顾身的进攻精神以及群体奋斗的意识，而这些正是创业必不可少的特质。

1. 敏锐的嗅觉

狼的嗅觉非常灵敏，听觉发达，因此可以在很远的地方发现猎物的踪迹，并且找到猎物。创业者也需要具备敏锐的嗅觉，能够从一些细微的信息中察觉到可能存在的危险或机遇。当一个客户站在你面前时，你要在最短的时间内发现他们的需求，并且据此调整企业的发展战略，而这正是狼的特长，因此狼性精神第一个特质就是敏锐的嗅觉。

2. 不屈不挠、奋不顾身的进攻精神

狼是一种十分凶猛的动物，攻击力强悍，即便是狮子和老虎也不敢轻视。同时，狼也具有十分坚韧的耐心，为了捕获猎物，狼可以一直尾随在猎物身后，直到最终找到机会，杀死猎物。任正非将狼的特性引申到创业中，将其比喻为创业者的拼搏精神。任正非对员工们说：华为要么不进入，一旦进入一个领域，就要成为该领域的王者。正是由于坚持这种精神，华为才能从一家代理商变成世界500强企业。

3. 群体奋斗的意识

狼是一种群居动物，遵循团队协作。在伏击猎物时，狼群往往协同作战，战斗力极为强悍。狼的群体奋斗意识是绝无仅有的，企业的发展也需要群体奋斗和团队协作。秉持狼性精神的团队总是会在短时间内知道客户的真实需求，做出符合需要的产品，从而提升企业的战斗力。

任正非十分推崇狼性精神，要求员工做出牺牲和奉献。在他的带领下，

华为人用自己的行动践行了艰苦奋斗的企业文化。在华为的创业早期，任正非经常带领员工加班加点地工作，为了便于休息，就在办公室的桌子下、柜子里放了很多床垫，休息时直接拿出床垫，席地而眠。这就是华为的"床垫文化"。沙特阿拉伯商务大臣来到华为参观时，了解了华为的"床垫文化"后，深受感动，认为一个国家要富裕起来就要有这样的奋斗精神。

狼性虽然强悍，但也不是无穷无尽的，任何人都有懈怠的时候，即便是战斗力强悍的队伍，也会有感到疲倦的时刻。在狼群内部，头狼要负责为狼群分配食物，而在企业内部，要想让员工具备狼性精神，创业者应当恩威并施，用制度鼓舞员工。古往今来，凡能打仗的部队，都是上下一心、赏罚分明的队伍，无一例外。在华为，能力突出者会得到丰厚的奖励，而能力不足者则要面临降职的可能。正是这种"能者上，平者让，庸者下"的制度设计，让华为始终能够招到有狼性的员工。

课后总结

　　创业人团队就应当像一群饥饿的狼，对内保持团结，协同作战；对外积极进取，时刻保持警惕。唯有如此，才能有足够的敏锐性和动力向前发展。

"活下去"是创业者的首要纲领

> 对华为公司来讲，长期要研究的是如何活下去，寻找我们活下去的理由和活下去的价值。活下去的基础是不断提高核心竞争力，而提高企业竞争力的必然结果是利润的获得以及企业的发展壮大，这是一个闭合循环。
>
> 对于个人来讲，我没有远大的理想，我思考的是这两三年要干什么，如何干，才能活下去。我非常重视近期的管理进步，而不是远期的战略目标。活下去，永远是硬道理。
>
> **选自任正非的《活下去，是企业的硬道理》（2000年）**

新东方创始人徐小平先生说，创业是九死一生。创业是一条布满荆棘的道路，能够坚持到终点的是少数人。创业者首先应当考虑的是如何在激烈的市场竞争中生存下去，把企业打造成一只打不死的小强，经历过社会和市场的磨炼，然后才有发展壮大的机会。

在很多人的印象中，军人出身的任正非是一个敢闯敢拼的硬汉，他曾经在华为数次面临危机时，以雷厉风行的风格带领华为走出困境。也有人认为，任正非自从创建华为之后，就变得谨小慎微了，华为也成了一个"怕死"的公司。任正非曾经多次在谈话中提到，华为一定要"活下去"，尽管华为如今已在多个领域开花结果，但是他仍然说："企业要一直活下去，不要死掉。"

回想起当年进入通信行业的决定，任正非仍然觉得不可思议，他说自己是"由于无知而踏入信息技术产业"。自从华为创建以来，挑战就从未停止。

华为创建时，面对的是朗讯、西门子、爱立信、阿尔卡特等一批实力强大的国际企业，如果与他们正面对抗，华为将没有任何胜算，只能在夹缝中努力生存。为了在技术上打破对手的垄断，任正非只能选择艰苦奋斗，带领公司50多个研发人员挤在一间破旧的办公大楼里，吃住生活都在一起，每天的工作时间至少16个小时以上。正是靠着这种"活下去"的信念，华为在产品技术方面不断取得突破，创新专利数量也不断增加，逐渐积累了雄厚的技术实力。

在很多创业者的眼中，"活下去"似乎是一个很低的标准，他们这样想是有道理的。在创业之前，他们已经对市场做过详细的调研，经过充分的准备，才走上创业的道路。他们完全有理由相信，自己经营的生意几乎没有风险。然而，现实往往比我们预估的更复杂，即便是任正非和马云这样伟大的企业家，也未必能够预估所有风险。

如今，国家经济正处于转型升级的阶段，其间会出现更多不可预期的风险，这会给创业者带来更大的考验。面临危机，我们应该怎样做才能避免危险呢？任正非给出的答案是"坚持艰苦奋斗"。我们不能预估所有的风险，但是可以通过自身的努力将风险降到最低。

创业失败的原因有很多，其中一个非常重要的原因是缺乏"十年磨一剑"的恒心。大多数人创业都是为了追求短期的利益，很少有长远的战略规划。在创业初期，他们非常努力，但是等企业慢慢做大之后，他们就会放松下来，没有了积极进取的心态，而这恰恰是导致企业走向灭亡的原因。

唯有长期艰苦奋斗的人，才能带领企业做大做强，成为市场的佼佼者。如今的华为已经迈入世界500强，在全球通信设备行业处于领导者的地位，但是任正非依然宣扬艰苦奋斗的精神，他甚至以身作则，在75岁高龄依然坚持工作。在美国政府向华为发出禁令之后，任正非没有坐以待毙，而是积极安抚员工，并且一改往日的低调作风，主动现身，接受世界各大媒体的访问，继续为华为的明天而奋斗。

课后总结

创业如逆水行舟，唯有长久坚持，最终才能抵达彼岸。

创业需要甘愿坐冷板凳的精神

《华为人报》的文章《板凳要坐十年冷》是多么好的阐述。在冷板凳上坐的都是一代英豪。科学是老老实实的学问，要有思想上艰苦奋斗的工作作风，要有坚定不移的精益工作目标，要有跟随社会进步与市场需求的灵活机动的战略战术。做实不是没有目标、没有跟踪、没有创新，但没有做实就什么也没有。君不见周劲、余浩泽、吴昆红、谷丰、张来发、张群……的点滴奋斗与持之以恒的努力，踏踏实实地在本职岗位上不断地进取，太阳已经在地平线上升起。

选自任正非的《呼唤英雄》（1997年）

"创业"是一个看似很美好的词语，通过辛苦地拼搏，实现人生的理想，过上美好的生活。然而，创业注定是一项艰苦的工作，创业者需要处理各种烦琐的事务，为了工作而耗尽心力。即便是创办华为的任正非，也曾遭遇这些事情。他说："多年来，唯有更多身心的付出，以勤补拙，牺牲与家人团聚、自己的休息和正常的生活，牺牲了平常人都拥有的很多的亲情和友情，销蚀了自己的健康，经历了一次又一次失败的沮丧和受挫的痛苦，承受着常年身心的煎熬，以常人难以想象的艰苦卓绝的努力和毅力，才带领大家走到今天。"

创业不像童话中所说的那样美好，它需要靠理想来坚持，只有静心、专注才会有最好的火花和创造力。只有热爱工作的人，才能在创业的道路上坚持下去。全身心地投入其中，潜心钻研，方能带来胜利的果实。

2019年5月21日，任正非在接受中央电视台记者董倩的专访时，提及华为的一名俄罗斯员工。任正非说，这个俄罗斯小伙子不会谈恋爱，只会做数学，在华为十几年来，天天在玩电脑，"管研究的人去看他，打一个招呼就完了。我给他发院士牌时，他'嗯、嗯、嗯'就完了。他不善于打交道，十几年干什么不知道，之后突然告诉我，把2G到3G突破了，马上上海进行实验，我们就证明了，无线电上领先爱立信，然后大规模占领欧洲，用了4G、5G，我们现在很厉害，与这个小伙子的突破有关。"

这就是任正非所说的坐冷板凳的精神。在华为，这种甘愿坐冷板凳的人并不是孤例。1997年，杨玉岗从清华大学毕业，获工学博士学位，次年进入华为，从事开关电源研发工作。杨玉岗对此很不理解，认为自己的满腹才华被埋没了，作为一名工学博士，他认为自己应当去做大项目，而不是整天跟电磁元件这样的小物件打交道。然而，责任心最终占了上风，杨玉岗坚持了下来，他潜心研究电磁元件，积累了丰富的经验，成为华为的电磁研究室主任。

华为如何才能实现"活下去"的目标？只有通过技术和服务的领先，扩大市场份额。任正非对此十分清楚，因此他把研发当作重中之重。从华为走上自主研发之路开始，市场的选择就让任正非看清了"没有研发，就没有销售"的行业法则。而研发又最需要坐冷板凳的精神，心浮气躁的人是做不了研发的。任正非需要更多的人才加入华为，在华为潜心研究，努力提升技术。为了免除他们的后顾之忧，就必须提供高额分红，并且提高研发经费在营业额中的占比，这就是任正非的创业逻辑。

伴随着时代的进步，我们面对的工作环境必定会不断改善。然而，甘愿坐冷板凳依然是创业不可或缺的一种精神品格。对学者来说，只有一步一个脚印，经得起时间的磨砺和失败的考验，学术道路才会行稳致远。对各级党员干部来说，理当从大局着眼，将自己视作一颗普通的螺丝钉，无论"钉"在哪里，干的都是为人民服务的工作。只要有恒心、有毅力、有能力，再冷的"板凳"也会被坐热。

我们必须承认，人与人之间是有差异的，不是所有人都适合创业。许多人的心态浮躁，谈到创业时，开口就是融资、上市，梦想自己有一天能够走上人生巅峰。但是现实告诉我们，成功的永远都是少数人，创业需要的是长久的坚持。

课后总结

　　一个有志于创业的人，必须做好长期坐冷板凳的打算，这个时间可能是十年、二十年，也可能是一辈子。

丢掉功劳簿，勇敢挑战明天

1997年仍然是一个十分艰难困苦的年月，我们还得奋力去拼搏；还期待更多的英雄投入到火热的市场生活中去；还要在新的起点，从零起步，努力去学习，勇敢地挑战明天；不断提高个人素养、改进管理、增加效益，为公司的大发展铺平道路。历史给了你们使命，不能躺到功劳簿上，而要不断革命。新老干部要团结合作，只有携手共进，才能优势互补。英雄是一种集体行为，是一种集体精神，要人人争做英雄。

选自任正非的《不要忘记英雄》（1997年）

在企业发展的过程中，总是会有很多人被胜利冲昏头脑，他们取得了一定的成绩，成为公司的管理人员，于是躺在往日的功劳簿上，斗志逐渐消磨，没有了进取精神。如果所有员工都保持这样的心态，那么公司就离危险不远了。这时，创业者需要做的是让员工丢掉功劳簿，再次激起他们的奋斗精神。

1996年前后，华为也经历过类似的阶段。C&C08数字程控交换机的推出，让华为度过了最初的艰难时光，在中国农村地区成功站稳脚跟，年销售额达到15亿元。华为内部充满了胜利的喜悦，也弥漫着陈腐的气息，其中以市场部表现得最为明显。

在华为，市场部是最风光的部门，他们为华为创造了无数的价值，在他们的努力下，华为的产品得以占领市场，获得丰厚的利润。市场部的每一位干部都是从摸爬滚打中走出来的，没有他们的付出，就不会有华为的辉煌。

很多老员工以功臣自居，他们甚至不需要工资，只凭内部发放的虚拟股票分红，就可以获得不错的收入。没有了来自生活的压力，他们的奋斗意识逐渐消磨，也失去了往日的竞争力，成为阻碍公司前进的"沉淀阶层"。

相比之下，新加入的员工即便奋斗意识较强，水平也很高，却无法看到上升空间，这对他们而言是非常不公平的。任正非决定打破这种不健康的局面，让奋斗意识在员工们的内心重新唤醒。为此，任正非必须开展一次大刀阔斧的改革。

1996年1月，任正非在华为内部发起了一场大变革。这场变革由市场部负责人孙亚芳亲自带头，直到基层的所有干部，市场部的所有干部们，一手拿着述职报告，一手拿着辞职报告，以及下一年度的工作计划，重新接受竞聘考核。公司按照员工的业绩和拟订的工作计划，对其个人表现、发展潜力和发展需要做出评价，并据此决定批准辞职报告或者述职报告。如果批准的是辞职报告，意味着未能通过考核，就要降职降薪，甚至离开公司；如果批准的是述职报告，则意味着通过考核，可以继续留任，或者提拔升职。

在这次"市场部大辞职"中，市场部有30%的干部被筛选下来。经过这次"大换血"，奋斗精神又重新回到了华为，华为人意识到，如果失去了奋斗意识，就有可能被淘汰。

对于这次事件，任正非给予了高度评价，他说："我认为任何一个民族、任何一个公司或任何一个组织，只要没有新陈代谢，生命就会停止。只要有生命的活动就一定会有矛盾，一定会有斗争，也就一定会有痛苦。如果说我们顾全每位功臣的历史，那么我们就会葬送公司的前途。"

企业管理学中有个词语叫"鲶鱼效应"，说的是挪威人喜欢吃沙丁鱼，但是沙丁鱼喜欢安静，被捕捞之后，很快就会因缺氧而死去。后来，人们发明了一种方法，即在装满了沙丁鱼的鱼槽中放入几条鲶鱼。鲶鱼进入鱼槽后，由于环境陌生，便会四处游动，迫使沙丁鱼四处躲避，这样就解决了沙丁鱼缺氧的问题，提升了沙丁鱼的存活率。

那些丧失了斗志的"沉淀阶层"，就像是不爱活动的沙丁鱼，如果放任他们堕落下去，他们很快就会失去生命力，因此要用"鲶鱼"来刺激他们，迫使他们恢复活力，从而提升企业的战斗力。华为的"市场部大辞职"，也是对"鲶鱼效应"的一种有效利用。

课后总结

　　当企业内部成员产生惰性时，有必要重新激起他们的奋斗精神，帮助企业重新恢复健康。

冬天来临时要咬紧牙关

我是学建筑的，电子技术是自学的，而且电子技术学的是模拟技术，即模拟的自动控制。当时的模拟控制是比例、积分、微分的控制方式。当我离开军队走向社会时，已经是186、286、386的电脑时代，这个时代我们很不适应。所以，我们那时出来以后，需要寻找工作机会来养活家庭。因为幼稚，以为这个产业很大，以为我们能赚点钱，进来才知道通信这个产业太残酷了。但是已经没有退路了，因为我们总共只有2万多人民币，创办公司时需要缴纳各种费用，拿到证时已经没钱了。如果我们再退回去做别的东西，一点资本都没有了，那是不可能的，所以只能咬牙做下来了。

选自2019年4月13日任正非接受CNBC记者采访纪要

翻开华为的发展之路，很多人看到的是一部辉煌的企业发展史：

1987年，创立于深圳；

1992年，销售额突破1亿元；

1995年，销售额达15亿元；

2005年，华为海外销售达到220亿美元；

2009年，华为全球销售收入218亿美元，增长19%，约合1491亿元人民币。无线接入市场份额跻身全球第二。

2010年，成为全球第二大通信设备制造商，仅次于爱立信；

2018年，华为年度报告显示，华为的销售收入达到7212亿元，净利润为593亿元。

从一无所有，到超过7000亿年销售额，在外人看来，华为的发展十分顺利。然而，在华为的成长之路上充满了荆棘与坎坷，只有任正非自己知道其中的艰辛。

任正非总是说，华为的冬天一定会来，而且会来得更加猛烈，更加寒冷。这并不是任正非杞人忧天，而是现实给予的经验。华为自成立以来，先后遭遇了几次严重的危机，每一次危机都有彻底击倒华为的威力。而华为在任正非的带领下，以艰苦奋斗的精神，度过了一次又一次危机。

2000年前后，任正非首次以文字的方式，将自己对冬天的担忧写了出来，这就是《华为的冬天》。任正非说："公司所有员工是否考虑过，如果有一天，公司销售额下滑、利润下滑甚至会破产，我们怎么办？"这篇文章发表以后，很快受到了各界人士的广泛赞誉，许多公司的老总向下属积极推荐该文，其中就包括联想集团的总裁杨元庆。

任正非的担忧不是没有道理的。2000年，美国爆发了第一次互联网泡沫破裂，让美国硅谷与华尔街遭受重创，纳斯达克指数一年下跌56%，对中国创投市场的影响更是超出了人们的想象，它直接导致了创业板的搁浅。在此次危机中，思科、爱立信、摩托罗拉等电信巨头的业绩停止了增长，陷入亏损的泥潭中，朗讯、北电被迫大规模裁员。华为也未能独善其身，首次出现了业绩停止增长。也是从这一年开始，华为加快了进军海外业务的步伐。

然而冬天还是来临了，任正非回忆说："2002年，公司差点崩溃了。IT泡沫的破灭，公司内外矛盾的交集，我却无力控制这个公司，有半年时间都是噩梦，梦醒时常常哭。真的，不是公司的骨干们在茫茫黑暗中点燃自己的心，来照亮前进的路程，现在公司早已没有了。"

当时，华为不仅要面对市场环境的恶化，还要面临来自竞争对手的打压。2002年底，思科正式提出了华为侵犯思科知识产权的问题，并于2003年初在美国对华为提起诉讼。思科请求法庭下令，禁止华为出售这些侵权产品，禁止华为使用与思科操作软件类似的命令行程序，并要求华为给予经济赔偿。在重重危机下，任正非带领华为人展开了绝地反击。一方面，华为建立起强大的法务团队，邀请美国知识产权诉讼领域的顶级律师罗伯特·汉斯拉姆代理华为诉讼，积极应对来自思科的诉讼。另一方面，华为联合思科的竞争对手3Com，成立了合资公司华三（H3C），并且邀请3Com公司CEO出庭替华为作证，此举让华为的实力大增，给思科带来了很大的压力。最终，思科选择与华为签订和解协议，并且承认华为的产品是健康的。

经过这次冬天的洗礼之后，华为的实力更上一层楼，与思科和解之后，华为迅速恢复了元气，在海外市场的占有率快速上升。

如今，面对来自美国政府的禁令和封锁，华为又一次迎来了自己的冬天，这是华为迄今为止遇到的最强大的对手，其出招之凶狠甚至超出了任正非的想象。任正非说："没有想到美国政府打击华为的战略决心如此之大、如此之坚定；同时，也没有想到美国政府对华为的战役打击面如此之宽广，不仅仅是美国的零部件不能供应华为，还不让华为参加很多国际组织，不能跟大学加强合作。"但是这阻挡不了华为前进的脚步，华为海思总裁何庭波的一封内部信，宣布华为20年的"备胎"全部转正，从此以后要走上科技自立的道路，迎接未来的发展。

课后总结

　　创业总会遇到困难和挑战，你的选择只有两个：要么克服困难，要么被困难击倒。

第四章
以客户为中心，不以利润最大化为目标

以客户为中心是经营企业的第一准则，离开了客户的支持，创业是不可能成功的。翻开任正非在华为内部发表的讲话，以客户为中心、为客户服务的理念随处可见。虽然华为已经在很多领域取得了好成绩，但是华为仍旧没有忘记以客户为中心的创业理念。

决不能做第二个美联航

美联航不以客户为中心，而以员工为中心，导致他们对客户这样恶劣的经营作风。华为会不会是下一个美联航？我们认为最宝贵的财富是客户，一定要尊重客户。我们以客户为中心的文化，要坚持下去，越富越要不忘初心。

选自任正非于2017年4月18日在战略预备队座谈会上的讲话

2017年4月9日，一则消息引爆了全球社交网络：美联航机上暴力驱赶乘客。当天下午5：40，在一架编号为UA3411的航班上，三名安保人员因超额订票而将一名不愿意下机的亚裔乘客暴力拖走，导致该乘客受伤。视频被发到网上之后，迅速引起了众多网民的愤怒讨伐，美联航一时之间成了众矢之的。

美联航CEO奥斯卡·穆尼奥斯事后不仅没有向乘客道歉，反而指责受伤的乘客"具有破坏性且咄咄逼人"，此举又加深了民众对美联航的不满。

这条新闻很快也传到了中国，并且引起了众多关注。在一次战略预备队座谈会上，任正非提到了此事，他认为美联航忘记了"以客户为中心"的商业理念，才导致了此次舆论危机。

美联航不以客户为中心，放纵员工粗暴对待客户，终于导致舆论的爆发。华为的服务也有这种现象，一些员工高高在上，自大傲慢，对顾客的要求表现得十分冷漠，这些都是十分不利于企业的。

当美联航处于舆论的风口浪尖上时，任正非联想到了华为的未来。华为的销售额逐年上升，尤其是消费者业务经过几年时间的努力，已经初步显现成效，华为的手机在中高端市场站稳了脚跟，获得了市场的认可，不再是低端、廉价的代名词。伴随着成功而来的，是部分员工的懈怠。

任正非尖锐地指出："现在有些客户不远万里来到坂田，很多专家和主管都不愿意去展厅为客户提供讲解咨询，不愿多抽一些时间黏黏客户。这是否标识着华为正滑向美联航的道路？如果每个人不热心见客户，坐而论道，这类人群要从专家队伍和主官队伍退到职员岗位上去，将来人力资源会做相关考核。富了就惰怠，难道是必归之路吗？"

任正非的批评引起了华为人的警醒，华为消费者BG CEO余承东发表了一篇"倡议书"，承认"我们面对消费者的质疑和意见，习惯于将自身的境遇、所做的努力以及行业的特性作为第一诉求来回应，态度傲慢，缺乏谦卑"。

华为会不会变成下一个美联航？听起来似乎有点危言耸听，但是任正非显然意识到了其中的危机，他知道必须把这样的危机扼杀在源头，不能听任其发展，否则会给公司带来难以想象的后果。为了警示员工，他甚至放出狠话："产品经理与客户经理的主责，要与客户有黏性，没有这种热情及成功渴望的人，不能担任主官。"

在任正非看来，客户是华为赖以生存的基础，"以客户为中心"绝对不能成为一句空话，而是应当被华为人牢牢铭记在心中，时刻提醒自己，不能忘记客户的利益，否则就会店大欺客，忽视客户的正当诉求。当一家公司不再尊重客户时，就已经离失败不远了。在商业发展史上，我们可以看到很多这样的例子。三鹿集团最初是国内市场上数一数二的乳制品企业，然而在经营的过程中，企业逐渐忘记了初心，置客户的利益于不顾，最终导致破产。

课/后/总/结

信誉是企业的生命，它代表了客户对企业的认可度。信誉是美好的，它可以帮助企业赢得客户的好感；但它同时也是脆弱的，很容易被击碎，必须小心呵护。

为客户服务是企业生存的唯一理由

> 此前，在集体转业后，我栽过跟头，不懂市场经济，让人骗走了钱，后来我创办华为后，替前公司还了不少债。打官司，请不起律师，我阅读了大量法律书籍，使我理解了市场是两部分组成的：一个是货物，一个是客户。货物和客户之间交易就是法律。我们不可能拥有客户，只能拥有货物，要懂得法律。
>
> **选自任正非于2019年4月13日接受CNBC采访的纪要**

说起创业失败的理由，很多人能找出许多，如没有足够的资金、没有找到合适的项目、经验不足、市场竞争太激烈等。然而说起创业成功的原因，很多企业家给出的答案是一致的：解决了客户的痛点，满足了市场需求。在华为的企业文化中，有这样一条名言："以客户为中心，以奋斗者为本，长期坚持艰苦奋斗。"这是对华为精神的最好概括。

从最初的代理商，到如今的世界500强，华为的成功完全建立在客户的认可上，因此华为人将客户放在了最重要的位置上。任正非认为，在产品和解决方案领域，要围绕着客户的需求去做。任正非指出，企业的所有回报都来源于客户，因此为客户服务是企业存在的唯一理由。企业要洞察客户的需求，要提供让客户满意的产品和服务，要帮助客户成功，这样客户才会帮助企业成功。

在通信设备领域，很多企业对华为的评价是"技术不是最顶尖的，但是价格低廉，而且本土化服务做得很好，远超竞争对手"。华为最初选择"农村包围城市"的战略时，第一站进入的是四川，当时四川90%的市场份额落入上海贝尔手中，华为的产品和上海贝尔相比，几乎毫无竞争力。产品不足，服务来凑，华为主动降低了姿态，不提销售，而是将接入网免费送给客户使用，帮助客户解决使用过程中出现的各种问题，通过这种方式赢得了客户的好感。最后，华为抢占了四川新增市场超过70%的份额，和上海贝尔并驾齐驱。

在市场经济的大浪潮中，谁赢得客户，谁就赢得市场；谁赢得人才，谁就赢得未来。任正非认为，客户是华为发展的力量源泉，客户是华为存在的唯一理由。他说："从企业活下去的根本来看，企业要有利润，但利润只能从客户那里来。华为的生存本身是靠满足客户需求，提供客户所需的产品和服务并获得合理的回报来支撑；员工是要给工资的，股东是要给回报的，天底下唯一给华为钱的，只有客户。我们不为客户服务，还能为谁服务？客户是我们生存的唯一理由！"

华为的生存之本就是为客户提供超值服务，如此才能从激烈的竞争中脱颖而出。任正非认为，华为所处的通信行业属于投资类市场，客户购买供应商的产品和服务是为了获取长期的收益和回报。因此，客户对供应商的产品质量、服务质量、产品成本及对客户需求的满足度都会有严格的要求。

华为也有过失败的经历，例如在NGN的推介过程中，华为坚持自己的技术路标，试图以此说服客户，对客户的需求并未加以足够的重视，结果导致合作失败，被淘汰出局。经过此事之后，任正非在华为内部召开了一次会议，做了一次深刻的反省，与此同时，他鼓励员工"从泥坑中爬起来的人就是圣人"，希望员工们放下思想上的包袱。

企业的成功建立在为社会创造的价值之上，为客户服务就是企业价值的一个体现。

不要把利润最大化作为第一目标

现在社会上最流行的一句话是追求企业的最大利润率，而华为公司的追求是相反的，华为公司不需要利润最大化，只将利润保持一个较合理的尺度。我们追求什么呢？我们依靠点点滴滴、锲而不舍的艰苦追求，成为世界级领先企业，来为我们的顾客提供服务。也许大家觉得可笑，小小的华为公司竟提出这样狂的口号，特别在前几年。但正因为这种目标导向，才使我们从昨天走到了今天。

选自任正非的《华为的红旗到底能打多久》（1998年）

"创办企业的唯一目的就是挣钱"，这是许多创业者的共识，大多数企业也把利润最大化作为自己的目标。然而事实证明，利润最大化也有自身的缺点，它未必符合企业的根本利益。例如，利润最大化原则没有考虑到需要的时间，以及其中的风险，可能不符合企业的长远利益。它在创造巨额利润的同时，也可能给创业者带来意想不到的灾难。因此，一位成熟的企业家必然要从多个方面进行综合考虑，而不能把眼光全部放在利润上。

在与国际巨头的竞争中，华为长期以来扮演的是弱者的角色，采用低价战术获得宝贵的生存空间。但是当华为发展壮大以后，任正非意识到继续实行低价战略已经不现实了，因为它带来的是极低的收益比，付出十倍、百倍的努力，却只能获得微薄的利润，这明显不利于华为的长远发展，因此华为的产品必须涨价，但是价格又不能太高。于是，任正非提出了"合理利润"——华为公司不需要利润最大化，只将利润保持在一个较合理的范围。

任正非不仅是这么说的，也是这么做的。翻开华为过去几年的财报，我们可以对华为的利润率有一个大致的了解。

华为2015—2018年度销售净利率

年度	销售收入（亿元）	净利润（亿元）	销售净利率
2015	3950	369	9.34%
2016	5216	371	7.11%
2017	6036	475	7.86%
2018	7212	593	8.22%

从2015年度到2018年度，华为的净利率始终没有超过10%。相比之下，苹果公司2018年净利润为595.31亿美元，营业收入为2655.95亿美元，净利率高达22.4%。

华为公司追求"合理利润"，明明能够赚更多的钱，却故意不那么做，这让很多人感到费解，然而这是任正非深思熟虑之后的决定，他有自己的考虑。

华为的主营业务是通信设备的研制，这是一个资金和技术密集的行业，曾经拥有许多厂商，但是经过激烈的市场竞争，很多厂商都失败了，其中就包括美国的朗讯和摩托罗拉，这也间接导致美国在5G领域的研发处于下风。华为当前制定的利润率，是市场经过多年竞争以后形成的局面，已经是一个比较透明的数字了。

利润率同时也是一道门槛，给后来者制造了难度。任正非曾说："不能太高价，过高的价格就会有人进来。""因为电信网络不太挣钱了，有些设备供应商减少了有些方面的投资，才让我们赶上来了。如果当我们在这个行业称霸时，我们继续赚小钱，谁想进这个行业赚大钱是不可能的。"

所谓上兵伐谋，控制合理利润，是任正非应对行业竞争的一个战略计谋。为了控制利润，任正非甚至对过高的利润率感到担忧。在接受央视记者采访时，他甚至表示："我们已经挣太多了。去年公司利润太高，常务董事会还做了检讨反思。"

课/后/总/结

　　企业的发展应当保持一个合理速度，利润太高或太低，都会对发展产生不利影响。

以客户的价值观为导向

> 我们必须以客户的价值观为导向，以客户满意度为标准，公司的一切行为都是以客户的满意程度作为评价依据。客户的价值观是通过统计、归纳、分析得出的，并通过与客户交流，最后得出确认结果，成为公司努力的方向。沿着这个方向我们就不会有大的错误，不会栽大的跟头。
>
> 选自任正非的《华为的红旗到底能打多久》（1998年）

对于一项产品的价值，每个人都有自己的看法。有人觉得花一万元买一部手机是浪费，但是也有人觉得物超所值，因为客户在购买产品时，都会遵从内心的价值标准，这就是客户的价值观。事实证明，与客户在价值观上达成一致，会让客户放下戒心，从而更容易完成交易。

在华为，一切工作都要以客户为中心，以客户的价值观为导向。帮助客户，让客户觉得物超所值，听起来容易，做起来却很难，需要比别人付出更多的努力。而这正是华为人的特点。华为人的拼搏精神是十分出名的，在零下二十多摄氏度的户外，他们仍在坚持调试设备；大年三十，他们随时都有可能爬上高高的信号塔进行维修工作。

华为的战略始终聚焦在主航道上，以客户的价值观为导向，与这一原则不相符的任何行为都会被拒绝。华为曾经有一笔面向互联网企业的投资，随着股市的转暖，在短时间内翻了近百倍，给华为带来了数十亿元的收益。于是公司内部就出现了向投资转移、放弃实业的声音。投资或许能够带来收入，却不能为客户服务，这与华为的战略方向是不符的，也和华为成就客户、艰苦奋斗的核心价值观不匹配，于是任正非果断取消了后续的投资行为。

任正非认为，客户的支持是华为发展的力量源泉，利润只能从客户那里来，华为的生存建立在满足客户需求的基础上。而尊重客户的价值观，让他们对华为的服务感到满意，这也是满足客户需求的一部分。

客户价值观潜藏在客户内心的最深处，它无法用数字和文字表现出来，只能通过感知的方式去了解。为此，企业需要从多个方面入手。

1. 建立"客户第一"的理念

任正非认为，企业存在的意义是帮助客户，而不是制造产品，产品只是一种工具。没有任何一家企业可以脱离客户而存在，华为也不例外。企业必须将"客户第一"的理念融入企业文化中，让所有人都有这样的意识。

2. 加强产品的情感价值

随着社会的进步，越来越多的人开始关注产品的情感价值，他们希望产品在解决物质价值的同时，也能提升情感上的价值。一个诙谐有趣的卡通形象、一段激昂向上的背景音乐、一张绚丽夺目的产品海报，都能给客户带来不一样的感受。因此，企业要对客户的此类需求予以关注。即便不能总是完美解决客户的痛点，也要让他们感受到企业的努力，这样可以赢得他们的关心和理解，客户的忠诚度也会随之提升。

3. 积极回应客户的需求

回应客户的需求，看起来是一件很容易办到的事情，但真正做好的企业没有几个。对于客户而言，最让他们失望的并不是企业没有提供优质的服务，而是自己的合理诉求得不到企业的重视。这是一个自媒体时代，客户的负面体验或许可以散播到整个网络上，因此企业必须得重视。

4. 主动承担责任

客户都希望企业能够帮助他们解决问题，事实上，这也是客户对企业的最大诉求。帮助客户解决问题，就是对客户最好的服务，能够提高客户的忠诚度。在这一方面，企业一定要保持积极的态度，主动承担起责任，而不是将问题抛给客户，因为客户在寻求帮助时需要的是答案而不是压力。而愿意让客户变得轻松且高效的企业，勇于承担责任，努力解决客户的问题，会成为制胜的关键。

课后总结

不仅要帮助客户解决问题，还要让他们感到物超所值，客户的忠诚度就是这样建立起来的。

坚持普遍客户关系的原则

不管国内，还是国外，每一个客户经理、产品经理每周要与客户保持不少于5次的沟通的制度，当然，还要注意有效提高沟通的质量。

我们一再告诫大家，要重视普遍客户关系，这也是我们的一个竞争优势。普遍客户关系这个问题，是对所有部门的要求。

坚持普遍客户原则就是见谁都好，不要认为对方仅是局方的一个运维工程师就不作维护、介绍产品，这也是一票呀。

一定要加强普遍的客户沟通，要把普遍沟通的制度建立起来，沟通不够怎么办？就降职、降薪。沟通做不了的员工要慢慢淘汰掉。有些人是性格问题不能沟通，就转到别的岗位上去。

选自任正非的《发挥核心团队作用，不断提高人均效益》（2002年）

在面对客户时，很多创业者总是会根据客户的实力进行区别对待，对实力强大的客户另眼相看，对实力较弱的客户爱答不理。然而，任正非对此有不同的看法。他认为，无论企业有多大，在对待客户时，都应当遵守普遍客户关系的原则。所谓的普遍客户关系，就是对客户一视同仁，无论对方是公司的高层，还是职位较低的基层员工，都要用心对待，不能因为职位高低而区别对待。

如果对任正非的言论进行总结，我们可以发现普遍客户关系的原则主要包含以下几层含义。

1. 贴近每层每级的客户

在与客户打交道时，应当从下到上层层贴近客户，与每一个有参与权的客户搞好关系，不能因为权力大小而戴有色眼镜。正如任正非所说："我们每层每级都贴近客户，不放弃对我们有利的任何一票。"这种做事方式使得华为建立了牢固的客户关系网，一般企业很难抢走华为的客户。

2. 不分客户大小，同等对待

很多公司都存在歧视小客户的问题，创业型企业尤甚。很多创业者看不起小客户，他们一心想做大生意，在接待小客户时总是显得无精打采。但是任正非不这么认为，华为之所以能有今天的规模，是一点一滴积累起来的，因此任正非特别看重客户，即便是一个小客户，也不会轻易放过。

任正非相信客户最终的选择一定是理性的，客户会根据自身的利益选择合适的企业，这一点不会因为外界的力量而改变。这一点在中美贸易战期间体现得淋漓尽致。尽管美国政府一再以安全问题为借口警告欧洲各国不要使用华为设备，但是华为仍然在欧洲拿下了大量5G合同。这一方面是因为华为的技术实力出众，另一方面得益于华为始终坚持普遍客户关系原则。哪怕客户最终没有选择你的产品，也不必为此而抱怨，仍然要坚持良好的态度，向客户提供优质服务。

当华为人在海外开拓市场时，普遍客户关系原则被运用到了极致。1996年，华为人来到俄罗斯，试图在这里打开一片天地，但是进展很不顺利，半年见不到一个客户。有一位俄罗斯某大型企业负责人甚至直接对华为高级副总裁徐直军说："俄罗斯根本不会用任何新的交换机，所以不可能与华为合作。"

俄罗斯的市场需求很大，但是电信普及率却很低，恰逢卢布贬值，很多跨国公司纷纷退出了俄罗斯。任正非意识到这里蕴藏着一个巨大的机会，谁能撑到最后，谁就能独吞胜利的果实，但是在此之前，华为需要对俄罗斯市场持续进行投入。

这样的情况一直持续了两年，1998年，俄罗斯市场的情况更恶劣了，在金融危机的影响下，整个俄罗斯的电信业都停滞了。华为只谈成了一笔生意——合同金额为38美元。这一次，华为人彻底见识了北极圈彻骨的"严寒"，很多人劝说公司放弃计划。很多厂商为了节省费用，都压缩了客户关系维系方面的费用，然而任正非不为所动，反而宣布继续加大投入，更加强调要加强普遍客户关系，特别是中基层的客户关系。他要告诉俄罗斯市场——华为还在！

2000年以后，俄罗斯的政局逐渐稳定，经济持续转暖，而华为的坚持也终于换来了成果。如今，华为已经成为俄罗斯电信交换设备的主要供应商之一。

在政治形势复杂、企业竞争激烈的国外市场上，华为起初并不占优势，然而华为凭借自己的坚持，忍辱负重、默默耕耘了十多年，不轻易放弃任何一个客户，才获得了今天的成就。

课后总结

　　坚持普遍客户关系，是华为以客户为中心的集中体现，为客户服务是华为存在的唯一理由。

反对孤芳自赏，要做工程商人

研发体系大多数人都是工程师，渴望把技术做得很好，认为把技术做好才能体现自己的价值。简简单单地把东西做好，在研发中也许评价是不高的，而把事情做得复杂，显得难度很大，反而评价很高。这就不是以客户为中心，客户需要实现同样目的的服务，越简单越好。我们要使那些能把功能简简单单做好的工程商人得到认可，才能鼓励以客户为中心在研发中成长。因此我希望大家不仅仅做工程师，要做商人，多一些商人的味道。

选自任正非的《以客户为中心，加大平台投入，开放合作，实现共赢》（2010年）

很多创业型公司都会面临一个问题：如何将技术与市场结合在一起？很多创业者空有一身技术，却不懂得经营市场，也不擅长和消费者打交道，很难获得成功。

这不是小公司独有的现象，就连很多世界知名的大公司也不能避免。20

世纪90年代，美国铱星公司提出了一个划时代的构想，他们希望通过一个由数十颗近地卫星组成的星群，让用户在世界上任何地方都可以实现通话。虽然他们使用的是当时世界上最先进的技术，但因为严重脱离市场，项目最后宣告失败，前后投入的数十亿美元都打了水漂。这件事情说明了一个深刻的道理：创业不能脱离市场，技术必须得到用户的认可，否则只有死路一条。

做生意必须遵从经济规律，任正非对这一点深有感触。当初他由于贪功冒进，给南油公司造成了200万元的损失，被迫走上了创业的道路。这件事给刚刚接触商业的任正非留下了不可磨灭的印象，从此以后他消灭了头脑中的幼稚想法，变得脚踏实地。他也用自己的经验告诫华为的员工，不能做技术崇拜者。

创业者的任务是把企业做大做强，他需要对技术有一定的了解，确保员工能够做出有竞争力的产品，但是更重要的是将产品销售出去，变成利润。因此，创业者不能埋头搞技术，孤芳自赏，而是应当兼顾技术和市场，如此才能不断进步。

针对这种现象，任正非创造性地提出了"工程商人"的概念。所谓的工程商人，就是工程师和商人的结合体，既要懂技术，又要懂市场。

任正非紧紧抓住企业经营的本质，提出"我们就是要去看清客户的需求，客户需要什么我们就做什么"。产品只有卖出去，到达客户手中，并且发挥作用，才是客户真正需要的产品。如果技术太超前，或者不能到达客户手中，那么这样的产品就失去了它的意义。因此，创业者要有强烈的市场意识。

因为对技术的盲目崇拜，导致公司失去机会，这样的例子比比皆是，华为也不例外。曾有一段时期，华为的研发部门过于追求技术超前，结果导致技术研发严重脱离现实，技术看上去很先进，但是很难实现，在生产过程中出现了很多残次品。这件事给华为造成了较为严重的损失，任正非借由此事给全公司的人上了一课。在他的带领下，公司开展了一场声势浩大的"反幼稚运动"。他把残次品堆放在台上，向设计人员讲述"幼稚病"给华为带来的损失，然后将这些残次品全部发放给了设计人员，要求他们摆在家里的客厅里，不时看看，提醒自己。虽然华为要瞄准世界顶尖技术，但不能去做那些"卖不掉的世界顶尖水平"。

事实上，华为很多在市场上大获成功的产品，都不是技术最先进的，华为的优势是在市场和技术之间取得了一个完美的平衡。例如，有一次电信公司的工作人员说"学生在校园里打电话很困难"，华为意识到其中的商机，于是立即做出回应，只用了两个多月就做出了改进版的校园卡，推出后广受好评，很快占领了40%的校园卡市场份额，而华为所做的，不过是在原有的版本上进行了一点点技术上的创新。

为了加强员工的市场意识，华为还做了一个硬性规定，每年必须有5%的研发人员转做市场，同时有一定比例的市场人员转做研发，用制度的方式推进工程师思维向商人思维的转化。

 课后总结

技术是企业的立身之本，而销售则是企业的生命之源，只有二者结合起来，企业才能走得长远。

第五章
以奋斗者为本，让听得见炮声的人做决策

华为三十余年的创业历程，可以用一句话来概括："以客户为中心，以奋斗者为本，长期坚持艰苦奋斗！"任正非说，管理不是以人为本，而是以奋斗者为本，留住奋斗者才能真正提升企业的战斗力。华为要求员工具备奋斗精神，并且坚持努力，永不放弃，华为则还以丰厚的回报。

猛将必发于卒伍，宰相必取于州郡

> 我们要坚持从成功的实践中选拔干部，坚持"猛将必发于卒伍，宰相必取于州郡"的理念，引导优秀儿女不畏艰险、不谋私利，走上最需要的地方。并长期保持艰苦奋斗的牺牲精神，永远坚持艰苦朴素的工作作风，在不同的岗位、不同的地点加速成长，接受公司的选择。
>
> **选自任正非的《春风送暖入屠苏》（2010年）**

华为十分看重人才，每年都会从世界各地大批招聘人才，有时甚至会与其他公司展开人才争夺战。例如，华为某次到一所全国著名高校招聘新员工，声称"工科硕士研究生全要，本科的前十名也全要"。仅仅在这次招聘中，华为就招收了5000多名新员工，一度被同行指责为"垄断人才"。相比之下，华为对人才的提拔却谨慎得多。

曾有一位名校毕业生，进入华为以后，很快给任正非写了一封"万言书"。在这封信里，他详细讲述了自己对华为战略的看法，并且对任正非提出了若干建议。然而，任正非读了这封信以后，非但没有感动，反而提出了严厉的批评，他批复道："此人如果有精神病，建议送医院治疗；如果没病，建议辞退。"

任正非的做法是有道理的，他并不是一个独断专行的人，只是他有自己的原则。华为信奉"狼性精神"的企业文化，要求每一位员工都是能力突出的优秀人才，因此华为对人才的选择非常严格。任正非坚持从有成功经验的人才中选拔干部，实践是他对人才的重要考量。他反对纸上谈兵，相信接受过现实洗礼的人才更有价值。

许多能干的人才，最初在华为只是一名普通员工，都是凭借自身的能力一步步走出来的，其中就包括郑宝用。

郑宝用是郭平的同学，最初并不在华为工作，而是在华中科技大学当老师，经过郭平的劝说，他才答应来华为参观，最后留了下来。初入华为，郑宝用和其他人一样，只是一名普通的工程师，跟着郭平研发hjd48。很快，他便凭着过硬的专业能力，把华为带上了一个新的台阶。如今，郑宝用已经是华为的常务副总裁、总工程师。

相比于从外部招聘人才，空降到华为担任高管，任正非更愿意从内部培养与选拔人才，他觉得后者更了解华为，战斗力也更强。任正非也曾用过"空降兵"，华为曾经从哈佛大学招聘了几名博士，请他们担任华为的高管，然而他们制定的工作流程和方法，与华为的实际情况有很大的差距，因而并未有效提升华为的竞争力。

为此，任正非更加注重从内部挖掘大量基层人才，尽量避免直接任用"空降兵"。实际上，几乎所有的华为高管都是一步一个脚印培养起来的。这些既有基层工作经验，又有管理知识和技能的干部，潜能巨大，因为他们更熟悉华为文化的基因，认同公司的价值观，了解员工的工作状况与想法，远比"空降兵"实用。

为了避免任人唯亲使华为的战斗力降低，任正非强调要完善人才的选拔制度，不要过分强调公平，否则就会削弱创造性。在选拔干部时，一定要强调责任结果导向，再按能力来选拔干部。此外，没有在基层实践过的人员，不能担任高级管理干部，最多只能担任参谋，要想更进一步，就必须补好基层实践经验这堂课。

为了提升华为在国际上的竞争力，任正非还强调机关干部要到海外去接受锻炼，完成全项目的工作。华为最终是要走向世界的，不能只局限于中国市场，因此华为的干部必须对海外市场的情况有所了解。正是由于任正非对人才的严格把控，才使得华为招揽了一大批优秀的人才，带领华为走向世界。

课后总结

"没有当过士兵的元帅不是好元帅"，企业需要身经百战的人才，方能经受实战的考验。

没有干劲的人不能进入高层

要有强烈的进取精神与敬业精神，没有干劲的人不能进入高层。

毛泽东同志说过："世界上怕就怕'认真'二字。"只要有认真精神，不可能不实现产品2000天无故障；不可能不感动用户，打开市场；不可能不实现第一流的软件；不可能不达到管理水平的优化；小至饭菜、保卫。

从我做起，向下延伸，做真正的三老四严、认认真真做事的模范员工（做老实人，说老实话，干老实事；严格要求自己，严格自我训练，严肃认真的工作作风，严守与人合作的信用）。

我们提倡的不仅仅是个人的进取精神，而是你领导的一个群体的进取与敬业精神。没有你个人的进取与认真精神，你所管辖的人和事就不会不断得到优化，不断提高效率；没有你领导的群体的集体奋斗，流程不和谐，就会产生阻力，降低效率。外国公司为什么做得好，他们任何一件小事都十分认真。每一个微流程都做到了十分优化。只要你深入进去研究，就一定会找到优化的钥匙。

选自任正非的《当干部是一种责任》（1996年）

究竟是什么原因，让华为能够持续快速发展呢？任正非认为，是一种哲学思维孕育出了华为的一切。长久以来，华为把"以客户为中心，以奋斗者为本，长期坚持艰苦奋斗"当作自己的座右铭，孜孜不倦地向客户提供优质服务。

华为要求员工具备奋斗精神，对高层管理人员的要求则更高，没有干劲的人一律不许进入高层。在任正非看来，高层管理人员是公司的骨干人员，会对员工产生很大的影响，假如让一个没有干劲的人进入高层，无异于向世人宣布，奋斗精神在华为已经名存实亡。因此，任正非一直非常重视保持高层的奋斗精神。早在1996年，任正非就强调要加强对中高级干部的整顿，让那些没有责任心、没有干劲、没有能力、喜欢发牢骚的干部下台，让有奋斗精神的人来做。

为了保持高层管理人员的奋斗精神，任正非还鼓励他们亲自参与到实践当中，并为此设立了以责任结果导向考评的制度，以便对高层干部进行有效约束。每一年，高层干部都要在述职报告中确定KPI——预计达到的绩效目标。华为的高层身上总是背着沉重的担子，他们要直接面对激烈的市场竞争。

为了督促高层管理人员，华为建立了战略领导力素质模型，以便提升干部队伍的战斗力。华为的战略领导力素质模型主要由三个方面组成：发展客户能力，发展组织能力，发展个人能力。要求高层干部在做好自己的本职工作时，还要全方位拓展各项能力。

1. 发展客户能力

主要指关注客户，理解客户需求，建立伙伴关系，满足客户的需求。

高层干部应当具有更加强烈的进取心，不能等着客户来找自己，而应当主动出击，了解客户的需求，并且用各种方法满足客户的需求。同时，高层干部还应当注意发掘公司与合作伙伴的利益共同点，从而建立互利共赢的伙伴关系。

2. 发展组织能力

高层干部应当学会使用影响、激励、授权等方式，对员工施加正面影响，促使员工关注公司的利益，并且替公司排忧解难。此外，高层干部还要善于辨别并发现机会，以不断提升组织能力、流程和结构，并且带领团队进行跨部门合作。

3. 发展个人能力

发展个人能力是干部的最后一项任务，也是最基本的任务，主要包括理解他人、组织承诺、战略思维和成就导向。理解他人是指准确地捕捉和理解他人没有直接表露或只是部分表达出来的想法、情绪以及对其他人的看法；组织承诺是指为了支持公司的发展需要和目标，愿意并能够承担任何职责和挑战的行为；战略思维是指在复杂模糊的情境中、用创造性或前瞻性的思维方式来识别潜在问题、制定战略性解决方案；而成就导向则是指关注团队的最终目标，以及可能实现的收益。

战略领导力素质模型的出现，让华为成功实现了对干部的管理，不会让没有奋斗精神的干部进入高层，从而确保了华为从上到下的十足"干劲"，确保了华为团队的纯粹性，使得华为的高速发展成为可能。也正因如此，华为的员工才能始终保持强烈的奋斗精神，在外资企业认为无法开拓的市场，他们总是能够杀出一条血路；无论是在偏远的山村，还是在高山雪原，以及热带雨林，甚至是战火纷飞的地区，华为人从未叫苦叫累，只要客户有需求，华为人就会奔赴前线。

 课后总结

　　懒惰是思想的毒药，也是创业的大敌，创业者要让没有奋斗精神的人远离企业的核心层。

明哲保身的人是变革的绊脚石

　　我们要坚持从成功的实践中选拔干部，坚持"猛将必发于卒伍，宰相必取于州郡"的理念，引导优秀儿女不畏艰险，不谋私利，走上最需要的地方，并长期保持艰苦奋斗的牺牲精神，永远坚持艰苦朴素的工作作风，在不同的岗位，不同的地点加速成长，接受公司的选择。我们的干部要严格要求自己，要聚焦于本职工作，我们要坚持三权分立的干部监察制度，否定、弹劾不是目的，而是威慑，使干部既可以自由地工作，而又不越轨。我们也要从各级党组织中选拔一些敢于坚持原则、善于坚持原则的员工，在行使弹劾、否决中，有成功经验的员工，通过后备队的培养、筛选，走上各级管理岗位。我们要充分发挥干部后备队选拔、培养干部的作用，使一些优秀的员工，找到更适合他们的岗位。

　　我们的干部要坚持实事求是的工作作风，敢于讲真话，不捂盖子，报喜更报忧，公平对待下属与周边合作，敢于批评公司及上级的不是。我们反对唯唯诺诺、明哲保身，这样的人不适合作为管理干部，我们在新一年要调整他们的工作。不敢承担责任、观察上级态度，是不成熟的表现。那种工作方法粗暴，是缺少能力的表现。我们在新一年中要逐步减少这类干部。

选自任正非的《春风送暖入屠苏》（2010年）

　　保持初心不变是一件很难做到的事情，很多人在年轻时是个锐意进取的职场青年，然而经过多年的打磨，身上的棱角逐渐消失，失去了原来的勇气，变成一个明哲保身的职场老油条。任正非认为，对于这类人，应该坚决将其从干部队伍中清除出去。

　　明哲保身的人会使企业变得平庸，侵蚀企业的战斗力。他们只知道关心自身的利益，却不讲原则，习惯于事不关己高高挂起，不求有功但求无过。有一次，任正非在战略预备队述职会上说："有些业务部门想明哲保身，将不愿意裁掉的落后人员都塞给战略预备队，预备队又贪图数量，培养一大批又送不出去，名声不就臭了吗？"如果公司里的每个人都只考虑自己的利益，不顾公司的利益，那么必然会使企业内部形成腐败的官僚气息，出现人浮于事、效率低下的现象。当企业的竞争力一步步下降，却没有任何改善的迹象时，破产只是时间问题。

　　为了杜绝这种现象，华为推出了能上能下的制度。华为的人事任命并非终身制，因而不存在按资排辈的现象，也不容许员工把企业当成养老院，当员工的能力满足不了岗位的需求，也失去了敢作敢为的精神时，就会被降级，甚至被辞退。

　　任正非说："我们不能懈怠，领导干部能上能下一定要成为永恒的制度，成为公司的优良传统。"把优秀的人才提拔上来，把滥竽充数的人淘汰出局，这才是企业正常的管理模式。华为对于能者上、庸者下的实施，有两个重要的准则。

1. 机会均等

任何人都有机会获得提拔，也都有被淘汰的可能，机会对所有人都是均等的，这是能上能下的前提。人员的任免必须坚持公平公开的原则，倘若存在差异，必然会导致特权阶层的存在，这会给公司带来更大的不公平。

即便在华为，也存在特权阶层的现象，一些管理人员由于入职时间较早，将很多机会垄断在自己的手中，却又无法发挥出应有的作用。从某种程度上而言，他们也是明哲保身的人。为了打破这种现象，任正非发起了运动式的下岗活动，他让很多部门的人员全部下岗，然后重新竞聘，连高级管理人员也不例外，这就使得很多滥竽充数的人失去了藏身之处，华为也借此机会清理了一批失去竞争力的人。

2. 领导干部负责制

华为对领导干部的管理更加严格，他们每年都要签订个人绩效承诺书，立下"军令状"，然后公司会根据实际完成情况对干部进行评估。评估的结果会直接影响他们今后的发展情况，如果与计划相差太远，还有可能被免职。这就迫使干部无法再明哲保身，因为这已经牵涉了他们的个人利益，他们必须做出最正确的选择。正是依托这种领导干部负责制度，华为不仅带出了一支富有战斗力的队伍，还在思想上坚定了华为人的责任感，让更多的华为干部主动承担起了自身的责任。

3. 干部轮换制

华为的干部职位不是固定不变的，而是要进行各部门轮换，其中既有跨部门的大循环，也有部门内的小循环，二者相结合，形成了华为独特的干部轮换制。这种制度使得每一位管理人员都不能产生懈怠心理，必须坚持学习，努力提升自己，否则就会出现无法适应新岗位，进而被淘汰的局面。

> 只有剔除明哲保身的人，才能留下敢于冲锋在前的人。通过这种方法，华为才能持续提升竞争力，并且始终维持高速增长。

对优秀人才要敢于破格提拔

在干部使用上，目的是为了作战胜利，除了胜利，没有其他目的。无论资历、年龄，我对所有人的看法都是一致的。公司破格提拔了一些干部，是把他们作为标杆，让标准向右看齐。凭什么攻下"上甘岭"的人不能当连长？我们以前说要用会带兵的人，这次我盯着把人力资源提纲中"会带兵的人"改掉了。山头都已被他攻下，还说他不会带兵？不会带兵，给他派一个"赵刚"去。

选自任正非的《遍地英雄下夕烟，六亿神州尽舜尧》（2014年）

任正非更看重人才的实战能力，而不是看人才的工作时间。对于能力不足的人，即便是工作多年的老员工，也不会让他担任高级职位；如果能力很强的话，即便是个初出茅庐的新人，任正非也愿意破格提拔他。对于人才的选拔和任用，任正非提出了一系列金句，例如"炸开金字塔吸收宇宙的能量""不完美的英雄也是英雄"等，这体现出他求贤若渴的心态。

虽然任正非年岁已高，不再负责具体的事务，但或许也正是由于这个原因，才使得他的心胸更加宽广，视野更加广阔，不会被眼前的烦琐局限。与徐直军、郭平等华为董事会成员相比，年过七旬的任正非反倒显得更加激进。在接受央视记者董倩的专访时，任正非讲了一个故事：华为的一个小伙子到瑞典两年，领导了一批科学家在半导体上突破，这是人类社会的重大突破。对于这名员工的贡献，任正非提议破格涨七级工资，最后公司经过商讨，只涨了五级。对于公司的决定，任正非打趣地说，他有时说话比较夸大一点，他希望更激励人一点，但是公司要更多地兼顾平衡，所以很多时候，自己在华为说话也不算数。

破格提拔人才，在很多公司里都是很难出现的事情，但是在华为，破格提拔几乎已经成了常态。任正非非常重视"破格提拔"制度的建立，甚至曾经提出每年破格提拔1500~4000人的硬性指标。华为的一位员工梁山广，在内部论坛上实名举报华为人的造假行为，被破格连升两级。

李一男是一名天才儿童，15岁考上大学，读研究生时进入华为实习，随后进入万门机方案组，参与研制万门机。当时的李一男还很年轻，戴着一副眼镜，看上去还是个瘦弱的学生，然而他的才华给任正非留下了很深刻的印象。李一男刚刚入职，就被破格升任工程师；两个星期后，他解决一项技术难题，被提升为高级工程师；半年后，由于工作出色，再次升任华为中央研究部副总经理；两年后，由于他在研制万门交换机中的贡献，被提拔为华为中央研究部总裁及总工程师；四年后，27岁的他成为华为历史上最年轻的副总裁。

很多公司不愿意破格提拔新人，认为这对老员工不公平，这个问题在创业型公司中更为明显。任正非却没有这种顾虑，经过几十年的摸爬滚打，他早就已经树立了独特的用人哲学。他强调，对优秀干部要敢于破格提拔。

对于优秀人才，如果迟迟不敢提拔，就会给对手以可乘之机。有时，对手公司从华为挖过去一个干部，就把国际市场做起来了。因此任正非强调，人力资源委员会在破格提拔上要敢于决策，这样才能留住人心。

课/后/总/结

　　俗话说"千军易得，一将难求"，优秀的人才可遇不可求，破格提拔可以帮助公司更快地成长。

用人所长，不能求全责备

> 要用人所长，不求全责备，尊重个体差异。充分发挥员工所长，用员工所长尊重个体差异，优势互补、团结有序，才能综合满足公司在各种经营形势下、业务场景中对人才的需要。各级主管面对员工时应实事求是地看待员工的个体差异性，不要简单地把年资长的员工与惰怠、没冲劲画等号，要避免管理的简单化、贴标签、一刀切。
>
> 选自任正非的《团结一切可以团结的力量》（2013年）

在华为，不乏技术高超、个性突出的人才，尤其是一些技术专家，在行业内有着极高的话语权，他们的个人能力十分突出，但是在细节上并不完美。任正非将这些人称为"歪瓜裂枣"，他说："公司要宽容'歪瓜裂枣'的奇思异想，以前一说歪瓜裂枣，就把'裂'写成劣等的'劣'。你们搞错了，枣是裂的最甜，瓜是歪的最甜，他们虽然不被大家看好，但我们从战略眼光上看好这些人。"

在对人才的管理上，华为始终坚持运用一种简单、实用、高效的方法，这种方法没有太多复杂的模型，使用的是简单制胜的法则：坚持以结果为导向。不论学历高低，只要能够做出成绩，就给予相应的报酬。在这种颇具"狼性"的考核机制下，所有人都必须奋力进取，努力提升自己，人们的关注重点也就转移到了个人能力上，而对其他因素则减少关注。华为之所以坚持使用"歪瓜裂枣"，因为歪瓜裂枣虽然看起来并不完美，但是它们很甜，可以给企业带来业绩上的突破！

时任华为消费者业务CEO、高级副总裁的余承东就是这样一个例子，很多人对余承东的印象是"大嘴巴"，他喜欢把企业中存在的问题摆到台面上，让很多人下不来台，也习惯于把未来的工作计划公布于众，其中一些不免让人觉得"目标太过远大"。例如"未来，我们的主要对手是西方公司，而不是中国公司。未来3~5年，多数中国智能手机厂商将消失，我们将成为市场领军者""荣耀品牌将会超越小米品牌，华为品牌将会超过苹果和三星品牌""华为品牌未来要做到全球第一"等。

任正非强调："要用人所长，不求全责备，不拘一格降人才。华为要创造条件使优秀人才和专家快速成长，让天下英雄尽入吾彀中。"任正非对于人才的选拔标准是任人唯贤，只要有可用之处，就将其安排在合适的位置上。华为要招收优秀的人才，但也要接受人才可能存在的缺点。

古语说："水至清则无鱼。"华为如今大约有18万名员工，这些人不可能都是完美无缺的。企业管理者应该将目光放在一些重点问题上，例如人才的个人能力、是否认同公司的价值观等，偏离这些方面的行为必须批评与纠正，与此无关的事情则应尽量包容。

如果对人才吹毛求疵，360度去考察人才，那么余承东或许很难得到重用，但是华为坚持使用这样的人才。对于余承东，任正非也给予了极大的信任，哪怕余承东在上台后制定的一些决策使得华为的业绩在短时间大幅下滑，任正非也没有听从别人的建议把他撤换下来，而是让余承东放手改革。

在以结果为导向的基础上，华为建立了一个广阔的平台，让所有人才都可以展示自己的才能。合理的公司制度，使得这些优秀的人才能够脱颖而出，实现破格晋升。当确定一项新技术开发后，华为会立即在全球范围内搜寻最优秀的人才，然后用优厚的待遇和条件将他们请到华为，对于他们的缺点，则尽量包容。因此，华为在很多项目上拥有世界顶尖人才，这为华为奠定了强大的研发基础。

课后总结

　　在创业队伍的建设中，只要不触犯原则性问题，就应当对员工多一点宽容。

让听得见炮声的人呼唤炮火

　　我们在这困难的一年，同步展开了组织结构及人力资源机制的改革；改革的宗旨是，从过去的集权管理，过渡到分权制衡管理，让一线拥有更多的决策权，以适应情况千变万化中的及时决策。这种让听得见炮声的人，来呼唤炮火，已让绝大多数华为人理解并付之行动。

选自任正非的《春风送暖入屠苏》（2010年）

　　任正非对公司管理层的要求非常严格，他坚持让干部接受实战的洗礼，没有在基层工作过、不了解市场真实情况的人，很难获得升职的机会。任正非将这种策略称为"让听得见炮声的人呼唤炮火"。

　　据说，这种策略的灵感是任正非在看电影时产生的。多年以前，任正非看过《莫斯科保卫战》，这是一部苏联时期的老电影，讲述了"二战"时期德国军队与苏联红军在莫斯科展开激战的故事，由于苏联的各项准备不足，因此在战争前期遭受了巨大的损失。影片中有这样一个镜头：红军战士来到仓库门口领取武器，仓库保管员却拒绝向红军战士发放武器，理由是没有得到上级的批准。

2008年2月，任正非前往华为在埃及的代表处，随身携带了这部影片的光碟，给员工们观看，让他们认识到管理者不会做决策的危害。在这次会议上，任正非正式提出"谁来呼唤炮火，应该让听得见炮声的人来决策"。

2009年初，任正非正式向华为全体员工提出了"让听得见炮声的人做决策"。他在讲话中说，华为当前的问题在于，坐在办公室里的管理人员不了解前线的真实情况，却拥有太多的权力与资源，他们按照自己的思维方式，设置了许多流程控制点，不愿意授权给下级员工，结果增加了运作成本，滋生了官僚资本主义及教条主义。

任正非认为，人都是有惰性的，企业也不例外，很多公司发展到一定程度以后，就失去了对市场的敏感程度，不了解市场的走向和消费者的需求，因而也失去了创新的能力，逐步走向没落。"让听得见炮声的人呼唤炮火"，就是要让那些嗅觉灵敏、反应迅速的人站出来，带领公司走向正确的道路。

在企业里，所谓"听得见炮声的人"，指的就是那些身处一线的工作人员，例如售后工程师、业务代表等，由于工作需要，他们总是与客户保持着密切的接触，因此对市场的变化极为敏感。

任正非强调，在制定决策时，一定要充分听取他们的意见，做到对市场行情了如指掌，然后进行精准打击。这种方式可以有效避免"大公司病"——管理机构臃肿，一件小事也需要层层汇报，严重影响企业的工作效率。

在此基础上，华为对原有的公司制度进行了调整。在项目管理上，基层作战单元可以在授权范围内直接对项目决策进行调整，在华为内部，这被称为"指挥炮火"。如果超过了授权，则要按照程序审批，然后才能指挥。

在这种制度下，处于战场后方的管理层也有了更多的责任，他们要负责为前方的作战部队提供及时、有效的炮火支援，同时还要对前方传回来的各种信息进行分析和监控，变成了一支系统化的力量。

当然，这种行为并不是谁都可以做的。华为在向一线部队赋能的同时，也对他们提出了约束：谁呼唤了炮火，谁就要承担炮火的成本以及可能出现的后果。

自这个制度实施以后，华为公司的运转效率再度加快，并于2015年成功超越了爱立信，成为全球第一通信设备供应商。华为的迅速崛起，不得不说是一个奇迹。而奇迹的背后，则是华为对人才的重视，将人的潜力充分挖掘出来，尽全力去战斗。

课/后/总/结

　　充分赋能员工，才能让员工将战斗力发挥至最大，但是这必须建立在一个有效的管理平台上，需要创业者对流程、数据、信息等具有较强的把控能力。

必须让奋斗者得到丰厚回报

人力资源的正向分配，就是干好了多分钱。现在公司的利润很多，都是创造出来的，既然大家能创造出来，为什么还要去偷鸡摸狗呢？没有必要。所以，一方面，我们用正向分配引导大家不要犯错；另一方面，用冷威慑来控制公司不要出现大问题。这样我们一边前进，一边就完成了对自己的整改。从混乱走向有序，需要时间，需要过程，所以我们需要这么一支庞大的监督队伍，站在我们的旁边，时刻提醒和警示我们需要努力改进的地方。

选自任正非的《内外合规多打粮，保驾护航赢未来》（2016年）

唐代文学家韩愈写过一篇文章叫《马说》，开篇就说："世有伯乐，然后有千里马。"创业者不必事事亲力亲为，其首要任务是发掘有潜力的人才，将他们招到自己的麾下，共同将企业做大做强。

怎样才能留下人才呢？这是一个摆在所有创业者面前的难题。很多创业者虽然具备敏锐的目光，能够从人群中一眼发现人才，却没有留下人才的能力。虽然员工跳槽的原因有很多，但是归根结底，不外乎两种，就像马云说的：钱给少了，或者心委屈了。

为了留下人才，需要做出很多努力，而给予应有的回报是第一步。俗话说"狼行千里吃肉"，华为的"狼性文化"是建立在丰厚的待遇上的。除了基本薪资、年终奖以外，华为还有虚拟股票、TUP期权等收入，综合下来收入相当可观。

虚拟受限股是任正非在华为内部推行的一种制度，华为并不是一家上市公司，但是通过虚拟受限股，华为的员工也可以享受到公司发展带来的红利。

虚拟受限股的出现，完全是任正非在无奈之中的选择。1990年，华为是一家刚刚成立三年的民营小公司，没有银行愿意贷款给它，因此华为严重缺乏运作资金。任正非甚至对员工说，谁能给公司借来1000万，就可以一年不上班，工资照发。

没有资金，就不可能发展；不发展壮大，就无法获得资金。为了解决这个近乎死循环一样的难题，任正非只好向员工"借钱"，不过他采用了一种更委婉的方式。有段时间，任正非连工资都发不出来，只好跟员工协商，把工资折算成股份，约定将来凭借虚拟股份参与分红。他对员工说："我们现在就像红军长征，爬雪山过草地，拿了老百姓的粮食没钱给，只有留下一张白条，等革命胜利后再偿还。"

通过虚拟受限股，任正非在资金严重短缺的条件下筹集了一笔资金，虽然总体数额不大，却在一定程度上解了任正非的燃眉之急。后来，任正非正式将其定位为公司的制度，并一直延续了下来。任正非或许也没想到，当初自己在困难时期的缓兵之计，日后竟成为华为的一大特色。

如今，华为近99％的股份由员工持股委员会代持，身为总裁的任正非，持有的股份不超过1.5%，这与很多企业创始人动辄20%、30%的持股比例完全不同。任正非幽默地将之称为"分赃"，他说："华为员工爱加班，是因为分赃分得好。"华为的这种激励机制，让员工与企业形成了一个有机的命运共同体，让员工与企业共同奋斗，共同受惠。

华为每年都会发放大量分红，以至于有人开玩笑说，华为员工的工资是零花钱。据华为2018年全年财报估计，华为18万员工人均年收入可达110万元。任正非说："人是最值钱的，宁可浪费一些仪器，只有认识到人的价值，才是一家最有价值的公司。"在高薪的诱惑下，一批又一批的人才涌入了华为。这种"知本至上"的薪酬体系既吸引和留住了人才，又激发了他们的工作热情，推动着华为不断向前进步。

 课后总结

　　"狼性文化"是用肉喂养出来的，没有丰厚的待遇，就无法培养出强大的奋斗精神。

第六章
构建价值观共同体，打造高效率团队

美国著名心理学家马斯洛说："杰出团队的显著特征，便是有共同的愿景与目标，有一个团队的核心价值观。"价值观是人们判断事物的标准，一经确立，就会产生长期的稳定性。每个人都有着独特的价值观，要想让他们聚在一起，精诚合作，就必须用价值观去影响他们，使他们形成一个价值观共同体。

资源终会枯竭，唯有文化才能生生不息

> 公司已确立了接班人的标准，各级岗位上正在涌现成千、以后还会上万的优秀儿女，他们承认华为的核心价值观，并拥有自我批判的能力。数十年对他们的不断优化，不断的成长，接班队伍的不断扩大，任何不合乎发展规律的东西都经不起时间的考验，企业管理将会有良好的净化能力。经过一代、一代的华为人的努力，华为的红旗会一代又一代更加鲜艳。
>
> **选自任正非的《华为的红旗到底能打多久》（1998年）**

世界上曾经有很多伟大的公司，他们在各自的领域内做出了伟大的成绩，然而随着时间的流转，很多公司倒下了。例如，曾经有众多伟大发明的贝尔实验室，由于经营不善等问题，最终仍然难逃衰败的命运。华为是否会走上同样的道路呢？

任正非给出了自己的答案："物质资源终会枯竭，唯有文化才能生生不息。"

企业文化是一家企业的灵魂，也是推动企业不断前进的动力之源。企业文化在无形之中影响着每一位员工，它的实质就是企业所有成员共有的思维方式和行为习惯。企业文化建设有着凝聚人心的力量，它能够激发员工的自豪感和责任感，培养员工的团队精神，从而提高企业的整体效益。

企业文化应当结合实际，根据公司的企业性质、核心理念、经营哲学、管理方式、用人制度等，制定符合企业发展方向的企业文化。

华为人的战斗力十分强悍，在多个领域内取得了优异的成绩。究竟是什么让无数华为人迸发出如此强劲的战斗力，让他们奋勇向前呢？丰厚的待遇固然重要，但更重要的是华为企业文化的感召。

华为公司的企业文化，可以用三句话来概括：以客户为中心、以奋斗者为本，长期坚持艰苦奋斗，坚持自我批判。

1. 以客户为中心

以客户为中心是华为长期以来的成功经验，华为创建时，既没有技术，也没有资金，只能凭借自己的努力去获得客户的认可。如今华为的业务已经遍布全球，更需要与客户搞好关系。

过于关注竞争对手是很多创业者的共同错误，他们沉迷在与对手的争夺战中不可自拔，却忽视了客户的感受，长此以往必然失败，因为他们已经失去了生存的土壤。华为则不然，华为把客户当作中心，以对手为参考，根据自身状况以及市场的真实情况制定发展策略。

2. 以奋斗者为本，长期坚持艰苦奋斗

任正非曾说："一个高新技术企业，不能没有文化，只有文化才能支撑她

持续发展，华为的文化就是奋斗文化。"

奋斗精神是华为企业文化的重要组成部分，也是华为的立身之本。正是在一代代华为人的不懈努力下，才终于取得了良好的成绩。

3. 坚持自我批判

自我批判的本质是对自我进行再认识的过程，发现自己的缺点，然后改正过来。人不可能永远不犯错，企业也是一样，坚持自我批判，是为了把企业从错误的边缘拉回来。在华为，坚持自我批判可不是说说而已，华为让管理层的自我批判成为常态，建立起了干部能上能下机制。

任正非曾经写了一封致新员工们的公开信，在信中他重申了华为企业文化的重要性："对于一个新员工来说，要融入华为文化需要一个艰苦的过程，每一位员工都要积极主动、脚踏实地地在做实的过程中不断去领悟华为文化的核心价值，从而认同直至消化接纳华为的价值观，使自己成为一个既认同华为文化，又能创造价值的华为人；只有每一批新员工都能尽早地接纳和弘扬华为的文化，才能使华为文化生生不息。"

课后总结

> 企业文化体现了企业的士气，是企业凝聚力和活力的源泉。

《华为基本法》，塑造价值共同体

一个企业能长治久安的关键，是它的核心价值观被接班人确认。接班人又具有自我批判的能力。《华为公司基本法》已阐明了我们的核心价值观，我们的数千员工现时认同它，并努力去实践它，实践中把自己造就成各级干部的接班人，这就是希望，这就是曙光。

选自任正非的《要从必然王国，走向自由王国》（1998年）

起初，任正非像所有创业者一样，把华为当作一言堂，所有决算都由他一个人决定，带领华为人从艰苦的岁月中走了出来。然而，这种粗放式的管理注定不能长久，华为要想发展壮大，必须建立规范化管理。《华为管理法》就是在这样的背景下诞生的。

1996年，任正非向中国人民大学教授彭剑锋、经济学博士黄卫伟等人发出邀请，成立了华为专家顾问小组，由彭剑锋为组长，负责制定华为的管理大纲，后来被称为《华为基本法》。整个咨询过程前后历时3年多，直到1998年3月才审议通过。

《华为基本法》共分为公司的宗旨、基本经营政策、基本组织政策、基本人力资源、基本控制政策、接班人与基本法修改六章，涵盖了103条的企业内部规章，是迄今为止中国现代企业中最完备、最规范的一部"企业基本法"。

《华为基本法》的开篇写出了华为的核心价值观，总共有七条：

愿景与使命

第一条 华为的追求是在电子信息领域实现顾客的梦想，并依靠点点滴滴、锲而不舍的艰苦追求，使我们成为世界级领先企业。

为了使华为成为世界一流的设备供应商，我们将永不进入信息服务业。诵讨无依赖的市场压力传递，使内部机制永远处于激活状态。

员工观

第二条 认真负责和管理有效的员工是华为最大的财富。尊重知识、尊重个性、集体奋斗和不迁就有功的员工，是我们事业可持续成长的内在要求。

技术观

第三条 广泛吸收世界电子信息领域的最新研究成果，虚心向国内外优秀企业学习，在独立自主的基础上，开放合作地发展领先的核心技术体系，用我们卓越的产品自立于世界通信列强之林。

精神

第四条 爱祖国、爱人民、爱事业和爱生活是我们凝聚力的源泉。责任意识、创新精神、敬业精神与团结合作精神是我们企业文化的精髓。实事求是是我们行为的准则。

利益观

第五条 华为主张在顾客、员工与合作者之间结成利益共同体。努力探索按生产要素分配的内部动力机制。我们决不让雷锋吃亏，奉献者定当得到合理的回报。

文化观

第六条 资源是会枯竭的，唯有文化才会生生不息。一切工业产品都是人类智慧创造的。华为没有可以依存的自然资源，唯有在人的头脑中挖掘出大油田、大森林、大煤矿……精神是可以转化成物质的，物质文明有利于巩固精神文明。我们坚持以精神文明促进物质文明的方针。

这里的文化，不仅仅包含知识、技术、管理、情操……也包含了一切促进生产力发展的无形因素。

社会责任观

第七条 华为以产业报国和科教兴国为己任，以公司的发展为所在社区做出贡献。为伟大祖国的繁荣昌盛，为中华民族的振兴，为自己和家人的幸福而不懈努力。

这是华为全体员工的思想精华，也是对任正非创业智慧的总结。《华为基本法》的推出，意味着华为人倡导的价值观首次以文字的形式展现出来，使得华为人有了一个精神上的标杆。学习《华为基本法》的过程，也是帮助华为塑造价值共同体的过程。企业价值观不能成为一句空话，只有成为全体员工的信念，才能真正发挥它应有的作用。

比利益关系更难协调的，是价值观上的差异，每个创业者都需要正视员工在价值观上的差异。华为非常关注员工对企业价值观的认同，为此开设了数目繁多的课程，其中大多是文化课程，包括艰苦奋斗、自我批判、创新精神、以客户为中心等。华为试图借助这些课程，让企业的价值观能够被员工理解，并运用在实际当中，从而形成一个价值观共同体，最大限度地使华为人团结一心，共同前进，减少内部矛盾的出现。

课后总结

《华为基本法》不仅对华为的成功经验进行了系统性的总结、提炼及深化，还对未来的发展提出了愿景，形成了华为独有的企业文化。

强化资源整合与共享的价值观

　　要开放心态，充分共享周边地区部的经验，如何共享经验？你要先在小平台进行共享，至于大平台的共享就是总部领导应该考虑的。因此平台共享的问题有两个方法，一个就是你们总部的长官要重视起来，第二个就是你自己要留意学习其他人的经验。我们只要业务经验化、流程化了，我们一大批青年干部就上来了，财务就是一个例子。

选自任正非于2007年9月14日在独联体片区的讲话纪要

　　企业就像一艘航行在大海上的船，船员们有一个共同的航行目标，为此他们必须通力合作。员工个人价值的实现，必须建立在推动企业成长的前提下。对企业内部的资源进行整合，并加以分享，可以避免浪费许多无谓的时间，减少资源浪费。

　　任正非说："一个大公司，最体现降低成本的措施就是资源共享。人家已经开发的一个东西我照搬过来装进去就行了，因为没有技术保密问题，也没有专利问题，装进去就行了，然后再适当做一些优化，这样才是真正地创新。那种满脑子大创新的人实在是幼稚可笑的，是没有希望的。"

在华为的价值观中，团队精神占有十分重要的地位，这一点从"狼性精神"中就可以看出来。狼是群居动物，每次出击都是团队作战。华为不赞成孤胆英雄式的人物，一个团队中只有一个能力强悍的人，说明这个团队的实力并不均衡，可能存在明显的短板。华为推崇的是英雄团体，强调对内部资源进行充分整合与共享，使资源的价值最大化。

任正非主张各个部门要相互开放，充分分享各自成功或失败的经验，供大家学习和借鉴，并且将本部门的资源拿出来，让大家都有机会使用。对于那些向兄弟单位提供了帮助的员工，公司会给予一定的奖励。这样的做法，也可以避免大家在研发产品时，出现重复工作的情况，从而避免人力、物力、财力等资源的额外浪费。

为了向员工们解释资源共享的重要性，任正非给大家说了一个故事。日本的汽车行业十分发达，拥有很多生产汽车零件的企业，其中一家企业历史悠久，质量可靠，产品检验合格率几乎达到100%，但是后来合格率却直线下降。公司管理层对这种现象感到十分不解，公司的来料检验、生产工艺、验收标准等没有任何变化，为何产品的不合格率却上升了呢？为此他们进行了深入的调查，最后发现，不合格品上都有一个毛刺。之前负责品质的一位老员工每次都把毛刺修掉，但是他认为这是一件小事，所以没有告诉其他人。等他离职以后，接任的人没有修掉毛刺，零件的不合格率就急速上升了。这就是不共享带来的典型恶果，只不过故事中强调的是经验共享，而不是物品共享。

对于公司外部的资源，任正非提倡要多利用。世界的大趋势是走向合作，只有开放式创新才能实现合作共赢，这就意味着对全球资源的有效利用。对于外部一些成熟的技术，华为通常采取两种方式：要么支付专利费，要么收购，这也是很多大公司的通行做法。

任正非信奉的是实用主义，只要是好的东西，统统都可以拿过来用。对于国外优秀的成果，应当尽可能地向别人学习，可以合作的就尽量与之合作，该支付专利费用的就支付专利费用。至于公司内部的成果，更应该加以利用。在向全球扩张的过程中，华为也逐步培养了整合全球资源的能力，通过调动强势部门的资源，来提高弱势部门的生存空间。

如今是一个全球化的时代，对全球资源的整合和共享能力已经成为企业的核心竞争力之一。正如华为副董事长胡厚崑所说："全球化不仅仅意味着运营的全球化、投资的全球化，更需要建立一种新的商业理念。这种理念是将全球市场视为一个单一市场，像在单一市场——构建全球的价值链，并将全球的优质资源都整合到这个价值链里面，使每一个单一节点上创造的价值都有可能在全球范围内被分享。"

　　企业的经营活动就是对资源进行调用的过程，强化资源整合与共享，最终目的是提升企业的竞争力。

学习型企业，提升团队战斗力

如果以狭隘的金钱观来认识资本主义世界的一些奋斗者，就理解不了比尔·盖茨每天还工作十四五个小时的不间歇的努力。不带成见地去认识竞争对手，认真向他们学习好的东西，才有希望追赶上他们。

我们国家不乏有许多如两弹元勋邓稼先那样优秀的艰苦奋斗者，只要我们一代一代的优秀青年继承他们的传统，发扬他们的精神，承先启后，继往开来，中国是有希望的。

选自任正非的《我们应该向美国人民学习什么》（1998年）

华为的成功不是单打独斗的结果，虽然任正非一直强调艰苦奋斗，自立自强，但是在对外学习这件事上，任正非一直秉持着非常开放的态度。即便在美国政府全面封杀华为的背景下，任正非依然强调要向美国学习，他甚至说自己是个"亲美派"："我年轻的时候就比较亲美，至今我还是认为美国是很伟大的国家，因为它先进的制度、灵活的创新机制、明确清晰的财产权和对个人人权的尊重。"

　　任正非号召员工向国外的先进企业和人物学习，学习他们的做事方法和人生经验。例如，任正非曾多次强调，要向"蓝血十杰"学习。

　　对于很多人来说，"蓝血十杰"是一个十分陌生的词汇，但是在华为，人们早已对此耳熟能详。"蓝血十杰"是"二战"期间负责管理美国空军后勤的10位英雄，分别是：查尔斯·桑顿、罗伯特·麦克纳马拉、法兰西斯·利斯、乔治·摩尔、爱荷华·兰迪、班·米尔斯、阿杰·米勒、詹姆斯·莱特、查尔斯·包士华和威伯·安德森。他们用优秀的管理模式，为盟军节省了10亿美元的军费。战争结束后，他们加入了福特汽车公司，凭借突出的管理能力，拯救了正在衰退的福特公司。于是"蓝血十杰"的管理思想迅速传遍了美国，改变了美国的商业管理理念，开创了现代化企业科学管理的先河。

　　"蓝血十杰"的管理思想主要可以概括为三个方面：一是客户导向和力求简单的产品开发策略；二是建立在计划、预算、流程和利润中心基础上的规范的管理控制系统；三是重新定义了财务部门的功能，使之在传统的会计和融资功能基础上，承担起成本分析、利润分析、投资决策等现代管理会计的职责。

　　很多人认为，在互联网盛行的今天，过去的管理思想已经过时了，现在需要的是创新和想象力，只有将员工从束缚中解放出来，才有可能迎接新的未来。然而任正非对此有不同的见解，他坚持从实践入手，拒绝坐而论道。他认为科学管理的思想和方法依然没有过时，人类依然需要靠良好的管理来约束，企业也不能把希望完全寄托在人身上。

　　任正非号召华为人学习"蓝血十杰"的职业精神，学习他们对数据认真负责的科学精神。任正非还亲自举办了一场活动，从华为公司评选出一批优秀的人才，向他们授予"蓝血十杰"的称号。这些人都是华为的精英，都曾为华为的经营和管理创造出巨大的价值。华为希望借助这样一场表彰会，向员工传达公司对管理的重视。

除此以外，任正非还积极向对手学习，其中就包括小米。小米是一家十分成功的公司，与传统企业相比，小米开创了企业经营的新局面。小米创始人雷军说："站在风口上，猪都能飞起来。"这句话成为雷军的名言，也是对他的经营思想的集中反映。

相比之下，华为保留了较深的传统企业的色彩，面对时代的变化，显得有些不知所措。而小米的成功，给华为人敲响了警钟：互联网时代已经到来，积极拥抱时代的变化，才有可能焕发新生。因此，在华为内部出现了向小米等互联网企业学习的声音。

然而任正非认为，华为在向对手学习的同时，不应该把过去的优势全部丢弃，华为依然要重视研发，提升硬实力。赶上风口，能够迅速发展，但是等到风口过去之后，还要有硬实力才能走得长远。

 课后总结

　　创业就是要向一切值得学习的对手学习，通过学习，弥补自身的缺陷，从而走上更加光明的道路。

铁三角模式：团队要以作战需求为中心

我司正面临流程与组织整改的时机。我们已明确变革要以作战需求为中心，后方平台（包括设在前线的非直接作战部队）要及时、准确满足前线的需求。我们机构设置的目的，就是为作战，作战的目的，是为取得利润。平台的客户就是前方作战部队，作战部队不需要的，就是多余的。后方平台是以支持前方为中心，按需要多少支持，来设立相应的组织，而且要提高后方业务的综合度，减少平台部门设置，减少内部协调，及时准确地服务前方。

选自任正非的《谁来呼唤炮火，如何及时提供炮火支援》（2009年）

在创业初期，很多企业选择金字塔管理，它机构简单、权责分明、组织稳定，按照高层、中层、基层的等级逐层分级管理，能够在短时间内提升企业的战斗力。但是它的缺点也很明显，由于等级森严，过于依赖高层，因此缺乏组织弹性，应变能力较差。华为也是如此。

作为一家规模庞大的公司，华为在团队管理方面有一套固定的规则，团队成员做出的任何决定，都必须遵守这套规则。然而，世上没有十全十美的制度，任何一项制度都有自身的缺点，不可能适用于所有情况。值得庆幸的是，华为是一家脚踏实地的企业，善于根据现实情况进行调整。铁三角模式的发明就是一个典型案例。

铁三角模式最早是由华为公司在北非的苏丹代表处发明的。起初苏丹代表处的人员都是各自为战，在面向客户时，只负责处理与自己责任相关的事务，对其他部门的工作却一点儿也不了解，也不关心。这导致各部门的信息沟通不畅，给工作留下了隐患。有时两个部门在与客户沟通时，给出的条件竟然是相互矛盾的。

2006年8月，华为公司在苏丹参与投标，华为员工原本信心十足，认为这次一定能够中标，获得一笔大订单，但是结果出乎所有人的意料——华为落选了！后来才知道，参与投标的竞争对手已经在TK站点中设计出了更为先进的光油站点，而华为仍在使用传统的大油机。在产品领域，华为已经输了。更加让人意想不到的是，华为的业务人员在招标之前就已经了解了这些信息，却没有反馈给设计人员，因为他们在之前的工作中从来没有交集。

从这件事中可以看出，导致招标失败的关键因素是团队沟通不畅，部门缺少配合，每个人只顾自己的业绩，对客户的需求缺少主动出击的欲望，因此难以把握客户的深层次需求。

这次失利给华为敲响了警钟：严格遵守公司的管理制度未必是好事，当制度不能满足现实需求时，必须对其进行调整。华为人痛定思痛，当即决定对现有的团队工作模式进行调整，逐渐摸索出了一种崭新的团队管理模式。这种模式以客户经理（AR）、解决方案专家/经理（SR）、交付专家/经理（FR）为核心，组建了一个新型项目管理团队，形成面向客户的以项目为中心的一线作战单元，华为人称之为"铁三角模式"。

改组之后的团队战斗力得到了显著提升，从以往点对点地被动响应客户，转变为面对面主动对接客户，华为对客户的需求有了更深入的了解。铁三角模式的精髓就是为了目标而打破功能壁垒，形成以项目为中心的团队运作模式。通过这种模式，华为将公司主要资源用在了找目标、找机会，并将机会转化成结果上。后方先进设备、优质资源保障前线发现目标和机会时能够及时发挥作用，提供高效支持，改变了拥有资源的人指挥战争、拥兵自重的弊端。

课后总结

　　团队的管理模式必须与时俱进，根据作战需求进行灵活调整，以便充分发挥团队成员的战斗力。

自我批判是长治久安的基础

经历了十年发展的华为，开始从幼稚走向成熟。开始明白，一个企业长治久安的基础，是它的核心价值观被接班人确认，接班人具有自我批判能力。华为公司从现在开始一切不能自我批判的员工，将不能再被提拔。三年以后，一切不能自我批判的干部将全部免职，不能再担任管理工作。通过正确引导，以及施加压力，再经过数十年的努力，将会在公司内形成层层级级的自我批判风气。组织的自我批判，将会使流程更加优化，管理更加优化；员工的自我批判，将会大大提高自我素质。成千上万的各级岗位上具有自我批判能力的接班人的形成，就会使企业的红旗永远飘扬下去，用户就不会再担心这个公司垮了，谁去替他维护。

选自任正非的《在自我批判中进步》（1998年）

古人说："知己知彼，百战不殆。"只有认识到自己和对手的优劣之处，才能有获胜的机会，经营企业也一样。一个团队要想长久地维持下去，必须学会自我批判，认识到自身的不足之处，然后加以改进。

作为一名曾经有过多年从军生涯的商人，任正非对自我批评有着近乎执着的坚持。当华为还是一家小公司时，他就已经要求员工要具有自我批判的精神了。尽管当时的华为充满了年轻和活力，但是已经开始出现很多管理上的弊端了，团队内部也出现了一些不和谐的声音。任正非说："我们不是为了批判而批判，不是为全面否定而批判，而是为了优化和建设而批判，总的目标是要导向公司整体核心竞争力的提升。"任正非时常在集体会议上这样告诫自己的员工。我们也经常听闻在华为内部会举办民主生活会，目的是让员工和管理者互相之间进行批判与自我批判。就是这样不断地反省，不断地复盘，不断地批判自我，华为在过去的几十年一直不断完善自己的一些不足的地方，然后不断地向前进。

自我批评说起来很简单，但是做起来却没有那么容易。如果没有外人的监督，自我批评就有可能变成隔靴搔痒，起不到应有的作用。为了避免出现这种情况，华为专门成立了自我批判委员会和道德遵从委员会，对员工进行监督。

任正非不怕批评，他怕的是没有人能够提出有意义的批评，如果那一天真的到来，恐怕华为离失败也不远了。他曾说："我看社会上评价一本书，叫《下一个倒下的会不会是华为》的时候，外部都是赞扬的，华为都是批判的，我觉得这就是有希望的！华为的员工真可爱，就敢于批判自己公司。这就是我们公司永远生存下去的基础。我们没有自我批判，我们一定迟早就会死亡。"

"我认为太平盛世最典型的标志，是人人都敢讲真话，领导听得进去真话。为了实现我们的目标，我们管理者必须首先进行自我批判，带动后继者前进。"任正非把自我批判看作企业发展的基石，他不仅提倡员工自我批判，而且还积极践行这一理念。作为华为的领导者，任正非对自己进行了一番剖析，他说自己并不懂技术，也不懂财务和管理，他的优点是善于反思，吸取他人的优点，转化为自己的思想。

在华为，能否长期地坚持自我批判的核心价值观，已经成为干部选拔的重要标准之一。而且这些标准已经内化到华为的干部管理制度中，如华为干部任职资格标准、劳动态度考核、三到五级干部任职资格、后备干部选拔任用标准、华为领导力素质模型、华为干部四象限、干部信息档案系统等，都包含与自我批判相关的内容。

课后总结

　　自我批判精神是企业优化和发展的必要因素，也是团队维持向心力的基础。

第七章
向制度要效益，把生命注入管理中

在市场竞争日益激烈的今天，企业要想不被淘汰出局，除了要有敏锐的市场嗅觉、正确的战略部署，以及强大的技术能力以外，还必须建立一套行之有效的管理制度，夯实企业的基础。在发展的过程中，华为逐渐建立了一系列富有特色的管理制度，例如轮值CEO制度、末位淘汰制等。

淡化英雄主义色彩，走职业化之路

现在我们是做厚客户界面，加强普遍客户关系的改善，大量的资源力量向一线集中。将来我们要提高专业化队伍的支持能力，从而可以减少一线直接作战部队的人数。例如，发射导弹是少数几个人，一按按钮就行了。

选自任正非于2010年1月20日在年度市场工作会议上的讲话

在很多人看来，华为是一家英雄辈出的企业，而作为这家企业的创始人，任正非是其中最具传奇色彩的英雄。华为的成功是众多英雄共同努力的结果，未来的华为仍然需要英雄。然而任正非却并不这么看，他多次强调"华为不需要英雄"。他说："一个没有英雄的公司是最好的公司，过去是靠英雄打下这份基业，现在是靠流程、靠平台，不再是靠一个能人。"

华为的英雄们创造了众多奇迹，成就了华为的崛起，然而经营企业不能只靠英雄，必须依靠广大员工的力量，要让每一位员工都将自己的能力发挥出来。管理者的任务是推进职业化的进程，让每一个员工都有发挥才能的舞台。

英国著名学者维廉·巴克莱说过一句名言："我们不应该把所有的事都抓在自己手里，认为只有自己才做得好。"这句话揭示了企业管理的秘密，对下属不放心是很多企业家的心病，他们不敢让下属放手去做，总是试图亲自上阵。这种现象在创业者身上表现得尤为明显，他们或许会觉得自己十分勤奋，但是作为一名企业家，这种做法是非常没有职业精神的。

任正非早年创业时，也非常推崇英雄主义，并且根据员工的能力对员工区别对待。对于优秀能干的人才，他不吝惜赞美；对于能力不足的员工，他严厉斥责。有一次，任正非在办公室里发火，他指着郑宝用说："郑宝用，一个能顶一万个。"接着又指着另一名高管说："你，一万个只能顶一个。"随着公司的发展，任正非的观念也在逐渐发生改变，他意识到了职业化的重要性。华为不能永远做"大碗喝酒，大块吃肉"的水泊梁山，而要做军纪严明的正规军。

早期跟随任正非打天下的"英雄"们，光芒也逐渐减弱了。与任正非情同父子的李一男，凭借自己的技术天赋，给华为带来了数十项具有世界先进水平和极高商业价值的技术成果，是华为的大功臣，却由于一些私下的矛盾，走上了与华为敌对的道路。2000年，借着华为推行"内部创业"的机会，李一男从华为带着价值1000万元的设备北上，创立了"港湾网络"。临走之前，任正非还特地在酒店为他举办了一场欢送晚会。让人们没有想到的是，港湾全面复制华为的组织结构、技术方法等，还不惜重金从华为挖走了一些核心人才，与华为开展全面竞争。没过多久，华为的老对手思科也在美国发起了对华为的诉讼，一时间，华为陷入腹背受敌的境地。

2002年，华为的另一位功勋元老郑宝用在工作中突然昏倒，被检查出了患有恶性脑瘤，生还希望渺茫。在任正非的坚持下，郑宝用被送往美国接受治疗，正处盛年的郑宝用一下子淡出了人们的视线。尽管郑宝用后来奇迹般地病愈出院，并且重新回到了华为，但是他已经无法像以前一样全力工作了。

左膀右臂的接连失去，再加上母亲的意外去世，对任正非造成了巨大的精神打击，此时的华为真可说是"摇摇欲坠"，进入了有史以来最困难的时期。这些痛苦的经历也警醒了任正非，让他明白一定要摆脱对人才的依赖、对技术的依赖、对资本的依赖。

于是，在任正非的文章中，多了一些对未来的担忧，任正非也很少再写类似于《不做昙花一现的英雄》《狭路相逢勇者胜》的文章了，取而代之的是《发挥核心团队作用，不断提高人均效益》《持续提高人均效益，建设高绩效企业文化》等更加具有职业精神的文章。

 课后总结

职业化是所有企业必须经历的一关，是企业稳步发展的保证，只有进入职业化，创业才能摆脱最初的草莽气息，进入平稳发展的快车道。

先僵化，后优化，再固化的策略

华为公司从一个小公司发展过来，特别是它是在中国发展起来的，外部资源不像美国那样丰富，发展是凭着感觉走，缺乏理性、科学性和规律，因此要借助美国的经验和方法，借用外脑。我们现在向Hay公司买一双"美国鞋"（西方鞋）中国人可能穿不进去，在管理改进和学习西方先进管理方面，我们的方针是"削足适履"，对系统先僵化，后优化，再固化。

选自任正非的《活下去，是企业的硬道理》（2000年）

在引进国外先进的管理经验时，任正非制定了"先僵化，后优化，再固化"的管理升级策略。僵化是指把别人的经验全部接收，完全照着别人的方式去做；后优化是指熟练以后，再根据实际情况逐步改进；再固化，制度改进取得良好效果之后，就固定下来，形成一个稳定的管理平台，不允许随意更改。

20世纪90年代末，华为凭借C&C08数字程控交换机等一系列优秀的产品在市场上站稳脚跟，销售额突破15亿元，度过了最初的艰难时光。任正非意识到，公司的管理必须进行优化，为今后的道路扫清障碍。经过一番思考之后，他将目光瞄准了美国。

1997年冬天，任正非前往美国，接连访问了休斯、惠普、IBM等多家世界知名企业。当时正值圣诞节前夕，美国的各大企业都在为圣诞节的到来而做准备，但任正非的到来依然受到了各大公司的欢迎。

IBM是一家历史悠久的企业，经过几十年的发展，年营收额一度达到近千亿美元。相比之下，华为2018年的销售总额才首次达到一千亿美元。可想而知，当时的华为和IBM完全没有比较的资格。然而，IBM公司并没有因此轻视华为，CEO路易斯·郭士纳率领公司高层迎接华为团队，并且向任正非详细介绍了IBM的工作流程。任正非深受感动，向郭士纳虚心求教，并恳请IBM帮助华为进行改革。

很快，华为和IBM签署了合作协议，由后者提供咨询服务，帮助华为建立IPD（集成产品开发）、ISC（集成供应链）、IT系统重整等8个管理项目。这是一系列庞大的工作，仅供应链和研发大型变革项目，IBM就投入了数百名顾问，持续数年才完成。此外，华为还将NVQ（英国国家职业管理体系）引入企业职业资格管理体系，在华为全面开启制度化管理的改革。整个项目前后持续3~5年，为此华为需要支付近40亿元。消息传出来以后，轰动一时，如此高昂的天价服务费让很多人目瞪口呆。

为了推进管理变革，使华为早日走上职业化的道路，任正非制定了"先僵化，后优化，再固化"的策略。正如任正非所说："要穿美国鞋，就必须削足适履。"在实施IPD的时候，华为的员工对新系统感到很不习惯，但是任正非并未放弃，而是坚决把这套管理体系推行到底。他对员工说，现在忍受短暂的痛苦，是为了在将来收获更多的成果。

过了一段时间之后，华为员工终于适应了这套系统，他们对新系统的使用已经非常熟练，任正非在此时又提出了优化系统的策略。他要求华为员工根据公司的特点，对系统中不合时宜的部分进行优化，从而打造一套更加适合华为的管理模式。

最终呈现出来的结果，既具备西方管理规范化、职业化的特点，又有灵活多变的东方特色，华为在IBM的基础上做出了改进和优化，并最终固化下来，成为现在的模样。

2008年末，华为在深圳举办了一场颁奖典礼，邀请了所有与华为合作过的顾问参加。任正非感慨地说："是IBM教会了我们爬树，我们才爬上树摘到了苹果。"

随着时间的推移，华为的业务遍布全球，规模越来越大，IBM带来的管理系统发挥了巨大的作用。如果没有当初任正非在管理改革上的坚持，华为可能难以满足后来日益增长的市场需求。从这一点来说，"先僵化，后优化，再固化"的策略已经被证明是正确的。

课后总结

　　学习管理系统是一个漫长的过程，企业应当在学习先进经验的同时，结合企业自身的特点，对新系统进行改进。

轮值制度：平衡全局利益

> 六年来，我们实行EMT轮值主席制度，实际上就是在交接班。让所有成员，轮流主持工作，历练他的水平。未来几年我们董事会的运作，还会继续推行轮值主席的制度。我们在第一轮轮值主席制度中，可能有些人退出了，有些新生力量就上来了，不一定上来的新生力量将来还能在这个位置上，我们不断地在循环洗礼，锻炼干部的能力，锻炼干部的全局观。所以，交接班，华为公司不是交不出去，而是华为公司接班人太多了。但我的亲属永远不会进入这个队列。
>
> 选自任正非的《成功不是未来前进的可靠向导》（2011年）

轮值制度在政治上是一种比较常见的制度，华为将其创造性地应用在企业管理上，形成了独特的轮值CEO制度。轮值CEO是公司最高的行政首长，由高管团队轮流担任，负责公司的战略和制度建设，归董事会领导。轮值CEO有两大特征：一是他们并非生产经营决策者，而是战略策划和制度建设的主持者；二是轮值CEO只是短期负责，不是终身任职。

华为的轮值制度经过了三个阶段的发展，由最初的COO制度，发展到CEO制度，再到轮值董事长。

2004年，一家美国顾问公司收到华为的邀请，帮助华为设计公司组织结构，却发现华为连系统化的中枢机构都没有。在顾问公司的建议下，华为决定建立正规的EMT（Executive Management Team，经营管理团队），按照常理，任正非应该做EMT主席，即COO（首席运营官），但是任正非推辞了，他建议由八位领导轮流担任COO，每人半年。

2011年，华为推出了轮值CEO制度，由核心管理层组成一个CEO团队，每人轮值半年。轮值CEO是公司的最高行政长官，负责把控公司的整体运营方向，一般不负责具体的事务，主要关注公司的战略问题，推进制度建设，日常经营的权力则下放给各BG的负责人。

华为采取的是候选人机制，其特点是"能进能出"，主要从EMT成员中选出。公司会定期对候选人进行评估，对其履职情况进行考核，并根据评价结果进行人事调整，从而避免了体制僵化的可能。任正非说："这比将公司的成功系于一人，败也是这一人的制度要好。每个轮值CEO在轮值期间奋力地拉车，牵引公司前进。他走偏了，下一轮的轮值CEO会及时纠正航向，使大船能早一些拨正船头。避免问题累积过重不得解决。"

另外，轮值制度也可以避免企业内部的争权夺位。在轮值模式下，任何人都只能做短期的领导者，而不可能一直做下去，这就使得争权夺势失去了意义。任正非在《一江春水向东流》一文中提道："到1997年后，公司内部的思想混乱，主义林立，各路诸侯都显示出他们的实力，公司往何处去，不得要领。"轮值COO的及时出现，打破了这一僵局，使得管理层相争不下的混乱局面得以解决。

任正非本人则成为"虚位领袖"，他不负责具体的事务，但是对轮值CEO的某些重大战略决策有一票否决权。不过至今为止，任正非尚未使用过一票否决权，这说明华为公司同心协力，内部沟通比较顺畅，没有出现重大分歧。任正非强调，自己不会轻易使用：一是在日常经营管理中不会使用否决权；二是否决权只在增资扩股、董事会成员改变和业务战略上产生分歧的情况下才使用。

2018年华为董事会换届之后，华为在轮值CEO的基础上，进一步提出了轮值董事长，仍旧采取集体管理模式。

凡事都有局限，华为的轮值制度也有短板，如轮值周期太短，导致权责不明；集体决策下的低效率问题等。但是从整体上来说，轮值制度优点多于缺点。因此很多公司也在学习华为的轮值制度，例如德邦物流的轮值CEO制度、阿里大文娱的轮值总裁制、京东的轮值CEO制度等。

课/后/总/结

> 轮值制度是一种颇具民主气息的制度，它能够成为企业成长和培养传承的一种助力。

群体接班：公司的命运不能系于个人

一个企业能长治久安的关键，是它的核心价值观被接班人确认。接班人又具有自我批判的能力。《华为基本法》已阐明了我们的核心价值观，我们的数千员工现时认同它，并努力去实践它，实践中把自己造就成各级干部的接班人，这就是希望，这就是曙光。

一个企业的内、外发展规律是否真正认识清楚，管理是否可以做到无为而治，这是需要我们一代又一代的优秀员工不断探索的问题。只要我们努力，就一定可以从必然王国走向自由王国。

选自任正非的《要从必然王国，走向自由王国》（1998年）

多年来，华为的接班人问题一直是个谜，任正非从未明确给出接班人的姓名，人们对华为的下一任总裁人选充满了好奇心，从李一男、郑宝用，再到后来的孙亚芳，这些都曾被人们列为华为接班人的不二之选。

孟晚舟事件后，华为的接班人问题也受到了外界的关注。CNBC（美国消费者新闻与商业频道）记者阿尔琼·卡帕尔在采访任正非时问道："您未来迟早会退休的，现在已经制订好了继任计划吗？"

对于这个问题，任正非的回答是："我们的治理章程很清晰地表达了公司将来的迭代更替秩序，可以提供给你们。迭代更替是有秩序的，不在于我来指定谁做接班人。不要担心华为没有接班人，接班人太多了，唯有孟晚舟不会接班。"

许多人猜测孟晚舟是华为未来的接班人，但是任正非多次予以否认，他甚至明确地说："孟晚舟永生永世不可能做接班人，因为她没有技术背景。"

任正非虽然是华为的创始人兼CEO，在华为具有至高无上的权力，但是这并不代表他可以决定一切。虽然华为由他创建，但是华为不是他个人的，而是属于全体华为人，任正非所做的一切决定，都必须符合华为人的利益。在接班人问题上，也是如此，任正非必须选择一个能力、品行皆优的人，才可以让众人信服。在创业之初，任正非就已经认识到了人才的重要性，否则华为早已被淘汰了，现在华为的业务遍布全球，更应该坚持任人唯贤，而不是任人唯亲。

2013年，任正非在一次持股员工代表大会上，说出了自己对接班人的要求：

华为的接班人，除了以前我们讲过的视野、品格、意志要求之外，还要具备对价值评价的高瞻远瞩和驾驭商业生态环境的能力。

华为的接班人，要具有全球市场格局的视野，交易、服务目标执行的能力；以及对新技术与客户需求的深刻理解，而且具有不故步自封的能力。

华为的接班人，还必须有端到端对公司巨大数量的业务流、物流、资金流……简化管理的能力。

这些能力我的家人都不具备，因此，他们永远不会进入接班人序列。

任正非不推崇孤胆英雄式的人物，他强调的是团体作战，在接班人问题上也是如此，他要打造一支拥有极强竞争力的团队，而不是把希望寄托在某个人身上。因此，任正非创造性地提出了"群体接班"的理念，希望通过内部竞争与优化，创造一个人才不断脱颖而出的机制，培养出华为的优秀管理团队，为将来高层人才的选拔打下良好的基础。

对于接班人，任正非提出了三点要求：

1. 认可核心价值观

核心价值观是企业长治久安的关键，华为的核心价值观已经清楚地写进了《华为基本法》。接班人必须认可华为的核心价值观，并且努力去实践，这样才能避免出现离心离德、明争暗斗的情况。

2. 学会自我批判

自我批判是人类前行的动力，组织的自我批判，将会使流程更加优化，管理更加优化；员工的自我批判，将会大大提高自我素质。华为规定一切不能自我批判的员工，都不能再被提拔，甚至会被免职。

3. 担任思想导师

接班人不仅要提升自己的能力，还要培养下属员工的能力，为自己打造接班人。为此，华为建立了一种思想导师的培养制度，规定没有担任过思想导师的员工，不得将其提拔为行政干部。

"群体接班"的提出，是为了增强企业的竞争力，是一项制度上的创新。为了确保这一理念能够得以实施，任正非用制度的方式将其固定下来，他明确规定，各级干部都必须努力培养超越自己的接班人。

 课后总结

　　"群体接班"的目的是摆脱对个别人的依赖，包括任正非本人，实现从个人到组织的超越。

组织设计：从"金字塔"走向"扁平化"

> 打仗的队形是可以变换的。原来我们往核心收得太厉害了，这样我们的技术进步快了，而市场就弱了一点。现在市场变化了，客户需求也变化了，我们可以扁平一点。在攻克新技术时，使队形变得尖一些，增大压强，以期通过新技术获得多一些的市场。当新技术的引导作用减弱的时候，我们要使队形扁平化一些，多做一些有客户现实需求但技术不一定很难的产品。
>
> 选自任正非的《发挥核心团队作用，不断提高人均效益》（2003年）

在企业管理中，金字塔管理和扁平化管理是人们经常提到的两种管理模式。

金字塔管理在传统企业中十分常见，在这种管理模式下，每个人的职责都十分明确。根据等级划分地位，企业领导者位于最高处，从上到下依次排列，越往基层，人数越多，就像一座金字塔一样。这种自上而下的管理模式可以让企业有效地执行管理层的决策，还可以树立上级管理者对下级的权威。每一个层级的权责划分也比较明确，对企业的发展可以起到一定的积极作用。

金字塔管理是一种十分高效的管理模式，但是它也有很多缺点。首先，金字塔模式下组织很不稳定，公司的所有决策都要经过领导，这就意味着领导需要对公司发生的一切事情负责，对领导者的个人能力提出了极高的要求，一个不合格的领导，很有可能毁掉整个企业。但是在现实生活中，很少有人能够达到那样的高度。其次，金字塔模式规定每件事都必须有专人负责，例如打印文件由A负责，打扫卫生由B负责……最后一定会出现机构臃肿的问题，形成"大公司病"。

进入互联网时代以后，金字塔管理的弊端更加明显。在互联网时代，信息流通的速度飞升，环境变化太快，对企业的反应能力提出了挑战，为此企业必须缩短决策半径，实现扁平化管理。扁平化管理以业务流程为核心建立组织架构，能够有效减少管理层级，使管理更灵活、更高效。

这一点已经在很多公司身上得到了验证，其中就包括小米公司。小米公司的创始人雷军将互联网精神引入了传统制造领域，努力缩短企业与消费者之间的距离，提升消费者的参与感，促使消费者主动传播和推动小米产品。为此，小米在创业初期施行了扁平化管理。相对于传统企业层层叠叠的管理层级，小米只设置了三个管理层级：联合创始人、部门负责人、员工，并且长期奉行不打卡、不设KPI的政策，简直将扁平化管理进行到了极致。很快，站到了风口上的小米模式大获成功。

关于扁平化管理的讨论，在华为公司也引起了很多人的关注。2016年，一位华为员工写了一篇名为《华为到该炸掉研发金字塔的时候了》的文章，呼吁华为研发部门尽快改变金字塔管理模式。任正非在看完这篇文章之后，签发了一封总裁办邮件，把该文章和部分员工的讨论张贴在华为"心声社区"上，引起了一场热烈的内部大讨论。

相比之下，华为公司对扁平化管理的推行则比较保守。尽管早期就已经开始铁三角模式，但是华为并未因此废弃大平台，而是选择了"小单位+大平台"共存的管理模式，这与华为的体量有关。华为已经不是一家小型创业公司了，任何管理上的决定都必须慎之又慎。

任正非提出："简化组织管理，让组织更轻、更灵活，是我们未来组织的奋斗目标。"华为开始建立子公司董事会，将中央集权变成小单位作战，"通过现代化的小单位作战部队，在前方发现战略机会，再迅速向后方请求加大火力，用现代化手段实施精准打击"，通过这种方式实现具有华为特色的扁平式管理。

课后总结

　　金字塔管理和扁平化管理各有优劣，前者的优势是能够提供稳定的生产效率，后者的优势是创新能力较强，企业应当根据自身需求进行选择。

实行末位淘汰制，充分激活组织

实行末位淘汰走掉一些落后的员工也是有利于保护优秀的员工，我们要激活整个组织。大家都说美国的将军很年轻，其实了解西点的军官培训体系和军衔的晋升制度就会知道，通往将军之路，就是艰难困苦之路，西点军校就是坚定不移地贯彻末位淘汰制度。

选自任正非的《发挥核心团队作用，不断提高人均效益》（2003年）

末位淘汰制并非由华为创立，它是由被称为"世界第一CEO"的杰克·韦尔奇所创，也叫活力曲线、10%淘汰率法则。该法则将员工分为A、B、C三类，分别对应优秀员工、合格员工和不合格员工。不合格员工约占10%，他们是末位淘汰的对象。

人都是有惰性的，很多老员工曾经为公司立下汗马功劳，但是随着时间的推移，他们的工作热情逐渐消磨，工作能力也在下降，如果继续留任，无疑会使企业的竞争力下降，这对企业里的其他人是很不公平的。末位淘汰制是一种非常高效的管理制度，尽管很多人认为它很不近人情，但是杰克·韦尔奇却认为，这种考核制度能够有效提升企业和员工的活力。

在末位淘汰制面前，所有员工都不敢掉以轻心。华为将绩效考核分为A、B、C、D四个档位，A档员工占比5%，B档员工占比45%，C档员工占比45%，这三档的员工绩效都是合格的，还剩下5%则是D档，是不合格的。华为规定，连续几个月都被评为C档或者末档的员工，将面临真正地被降级或者淘汰，这些员工不但会被降低职位，奖金也会随之减少。通过这种方法，任正非使企业始终处于激活状态，并确保团队人才的更新。

事实上，由于华为大部分时间处于高速成长阶段，市场份额不断扩张，因此对人才的需求很大，5%的淘汰率执行得并不彻底。被淘汰的员工，并不是被华为完全放弃了，他们只是失去了原来的工作，不一定会被解雇，一部分被降级，或者分流到其他部门，以后业绩表现突出，依然能够升上来。有的员工还可以再参加培训，或者选择内部创业成为华为的代理商等。这样才能保证企业干部职业化过程中，不会让机会主义者钻了空子，也不会让真正的人才流失。

末位淘汰制能够有效提升企业的活力，却也会给人留下不近人情的印象，华为为此多次遭受非议。大规模地使用末位淘汰制，会让员工感到心寒，因此必须谨慎使用。华为将末位淘汰制引进公司管理之中，任正非曾说："每年华为要保持5%的自然淘汰率。"虽然这个数字比杰克·韦尔奇规定的10%少了一半，但是它仍然具有很强的威慑力。

末位淘汰制是一味良药，但是也有很大的副作用。华为的末位淘汰制未必适合所有企业，在使用时不能盲目套用，这取决于企业的环境是否适合这种制度。例如，当企业处于下行期时，就不能大规模开展末位淘汰。员工原本就对未来感到希望渺茫，再看到身边的同事一个个地被末位淘汰，心里就会更加悲观，难免会产生兔死狗烹的感觉，这对团队的稳定是极其不利的。《华为基本法》第七十条也规定："公司在经济不景气时期，以及事业成长暂时受挫阶段，或根据事业发展需要，启用自动降薪制度，避免过度裁员与人才流失，确保公司渡过难关。"

即便施行末位淘汰制，也要采取灵活的态度，不能搞一刀切。例如，根据公司的发展需求，对各个部门设置不同的淘汰率，尽量保存效率高、前景好的部门，逐步淘汰效率低、前景差的部门。而且末位淘汰制必须公正、客观、透明，接受所有人的监督。

课/后/总/结

容忍低绩效的员工继续存在，是对优秀员工的一种不公平，末位淘汰制可以促进团队的良性循环。

第八章
居安思危，不做昙花一现的英雄

市场就像大海一样，它规模庞大，充满了无数的机遇，同时也有很多危险，就像水面下的礁石，一不留神，就有可能导致船毁人亡。任何一个企业，即使在鼎盛时期，也会面临许多隐患。创业者要善于观察，仔细分析，及早发现并解决问题，从而做到防患于未然。

成功是一个让人讨厌的教员

成功是一个讨厌的教员，它诱使聪明人认为他们不会失败，它不是一位引导我们走向未来的可靠的向导。华为已处在一个上升时期，它往往会使我们以为八年的艰苦奋战已经胜利。这是十分可怕的，我们与国内外企业的差距还较大，只有在思想上继续艰苦奋斗，长期保持进取、不甘落后的态势，才可能不会灭亡。繁荣的里面，处处充满危机。

选自任正非的《反骄破满，在思想上艰苦奋斗》（1996年）

有人说，创业就像一场没有终点的马拉松，你能做的只有永远跑下去。创业之路永远不会一帆风顺，你总会遇到来自四面八方的困难和阻碍，必须时刻保持谨慎。如果一直沉溺在过去的辉煌之中，整天盲目乐观，没有忧患意识，时间一长，必定会对生存环境的变化浑然不觉，从而失去竞争力。

2000年，华为的销售额已经突破280亿元，成为中国最赚钱的通信公司，华为公司内部也充斥着胜利的喜悦。然而就在此时，任正非写了一篇《华为的冬天》。在这篇文章中，他忧心忡忡地说出了自己对未来的担忧："公司所有员工是否考虑过，如果有一天，公司销售额下滑、利润下滑甚至会破产，我们怎么办？我们公司的太平时间太长了，在和平时期升的官太多了，这也许就是我们的灾难。泰坦尼克号也是在一片欢呼声中出的海。而且我相信，这一天一定会到来。"

任正非是一个充满忧患意识的人，是一个现实主义者，对危机的认识十分深刻，不敢有一丝一毫的侥幸，正是由于对失败的恐惧，才让华为有今天的成就。作为华为公司的掌舵人，他一直都在为华为的前途而担忧。他曾说："十年来我天天思考的都是失败，对成功视而不见，也没有什么荣誉感、自豪感，而是危机感。也许是这样才存活了十年。"

一个优秀的创业者，必定拥有长远的规划，他不会因为一时的成功而放松警惕。可惜的是，拥有这种思想境界的人太少，大多数人只看得到眼前的利益，成功以后就自吹自擂，对将来可能出现的危险心存侥幸。因此，任正非说"成功是一个让人讨厌的教员"，它让人放松了警惕，为今后的失败埋下了伏笔。

任正非从来都是一个不安于现状的奋斗者，他有一句口头禅是"唯有惶者才能生存"，这句话也非常适用于创业者，那些能为最坏情况做好准备，并且能够在感知到危险后迅速采取行动的人，往往会成为最后的赢家。企业领导的任务，就是透过平静的表面，发现潜藏的危机，并且带领企业走出困境，走上快速发展的康庄大道。

世界上很多大公司的领导者都像任正非一样，对未来充满了强烈的危机感。著名的管理专家日本学者大前研一在其著作中写道："只有那些总以为自己的经营环境危机四伏并时刻关注各种'坏消息'的企业，才有可能免于灭亡。"微软公司的创始人比尔·盖茨一直告诫员工："我们的公司离破产永远只差18个月。"

　　任正非之所以会引起人们的关注和敬佩，其中一个很重要的原因是他的思想境界，年过七旬的他早已不负责具体的事务，但是他仍然没有放松警惕，而是继续努力，在思想上教育华为人。如今的任正非已经成为华为的精神领袖，当华为承平日久时，他告诫人们要当心可能存在的风险；当华为遭受重大打击时，他鼓舞人们继续奋战，凭借自己的努力冲破封锁。

课后总结

　　古人云："生于忧患，死于安乐。"创业者必须时刻绷紧头脑中的弦，不要因为一时的成功而沾沾自喜。

下一个倒下的会不会是华为

华为公司发展到目前的规模，面临的挑战只会更大。要么停滞不前，逐渐消沉，要么励精图治，更上一层楼，在世界一流企业之林占一席之地。正所谓不进则退，成功不是走向未来的可靠向导，我们需要将危机意识更广、更深地传播到每一个华为人身上。

选自任正非的《胜则举杯相庆，败则拼死相救》（1997年）

从古至今，成功的企业家都有一个共同的特征——非常强烈的危机意识，任正非也不例外。任正非从未停止对危机到来的警惕，他宁愿做生于忧患的狼，也不愿成为死于安乐的猪。

作为华为的掌舵人，任正非整天思考的都是失败，还很喜欢向员工传输危机感。任正非经常对员工说，军人的使命是在战场上捍卫国家的主权，而华为人的使命是在市场上捍卫企业的地位。他有很强的危机意识，经常拉响警报来唤醒懈怠的员工，让每一个员工都保持警惕，时刻处于战斗状态，以便迎接可能出现的挑战。这并不是杞人忧天，而是现实使然。

这是一种面向危机的思考，这种思考促使企业管理者在面对可能出现的危机时，总是能够保持清醒的头脑，选择最合理的管理模式。因此我们才会看到，华为的干部大规模离职之后，又重新竞聘上岗的举动。华为曾经多次走到生死存亡的境地，甚至一度濒临破产，但是在危机感的帮助下，华为人总是能够预先做好准备，顺利渡过危机。

任正非每次呼喊危机到来时，几乎都预示着华为接下来的腾飞。任正非第一次向华为全体工作人员呼喊危机是在2001年，当时华为的销售总额超过200亿元，并且以29亿元的利润高居全国电子百强榜首。正当所有人都为之兴奋的时候，任正非却感到十分焦虑，他写了一篇《华为的冬天》。在文章中，他对所有华为员工提出了一个十分严肃的问题："如果有一天，公司销售额下滑、利润下滑甚至会破产，我们怎么办？"当时正值互联网泡沫破裂，华为作为通信设备提供商处于网络运营商的上游，必然会受到牵连。后来华为又遇上了与思科的专利大战，陷入创业以来最艰难的时刻。然而凭借着充足的准备，华为最终得以度过寒冬。

任正非第二次呼喊危机，是在2004年的一次讲话中，当时华为刚刚与思科达成和解协议，从一场大战中艰难脱身，但是任正非并未放松警惕，就又一次对华为人发出了呼喊，要他们注意冬天的到来。他说，与思科的这场斗争，本质上是质量、服务和成本的竞争，华为在内部管理方面需要付出更多的汗水。

2008年，任正非第三次呼喊危机。他说，"要对经济全球化以及市场竞争的艰难性、残酷性做好充分的心理准备"，并提醒员工"经济形势可能出现下滑，希望高级干部要有充分的心理准备。也许2009年、2010年会更加困难"。

如今，华为已经拥有了强大的研发能力，以及世界级的管理水平，在18万名员工奋力工作时，任正非仍然保持着强烈的危机意识。这一次，他说："随着逐步逼近香农定理、摩尔定律的极限，面对大流量、低时延的理论还未创造出来，华为已感到前途茫茫、找不到方向。华为已前进在迷航中。"

任正非的一生，都是伴随着危机意识度过的，正是对于危险的警惕，才让华为有了良好的发展。

课后总结

任何企业都要有危机意识，不要认为这是危言耸听，即便是航空母舰，也有倾覆的危险。

"蓝军"是居安思危的必然产物

在研发系统的总体办中可以组成一个"红军"和一个"蓝军"，"红军"和"蓝军"两个队伍同时干。"蓝军"要想尽办法打倒"红军"，千方百计地钻他的空子，挑他的毛病。"红军"的司令官以后也可以从"蓝军"的队伍中产生。"蓝军"拼命攻"红军"，拼命找"红军"的毛病，过一段时间把原来"蓝军"中的战士调到"红军"中做团长。有些人特别有逆向思维，挑毛病特别厉害，就把他培养成为"蓝军"司令，"蓝军"的司令可以是长期固定的，"蓝军"的战士是流动的。每个产品线都应该增加一个标准队伍、一个总体队伍、一个"蓝军"队伍。不要怕有人反对，有人反对是好事，不是坏事，这会改变我们的惯性思维，打破我们的路径依赖。

选自任正非的《发挥核心团队作用，不断提高人均效益》（2003年）

在华为，有一支神秘的队伍，被人们称为"蓝军"，他们的工作只有一个，就是尽可能地找出打败华为的方法。与"蓝军"相对的是"红军"，属于华为的发展战略部队，二者同属华为战略部，都是华为的核心部门。

华为每年都会制订春季计划和秋季计划，期间会发布未来三年的战略规划，而"蓝军"的职责，就是考虑清楚未来三年怎么打败华为的计划。"蓝军"是华为居安思危的产物，就像演戏中的红蓝对抗一样，它的作用就是扮演一个假想敌，找出华为的弱点，然后将其反映给公司，帮助公司及早改进自身缺点。很多时候，华为的发展都是"蓝军"推动的。

"蓝军"的职责主要有：运用逆向思维，从不同的视角观察公司的战略与技术发展情况，论证"红军"的战略、产品、解决方案的漏洞或问题；模拟对手的策略，让"红军"在制定战略时，能够有一个参考的对象；建立"红军""蓝军"对抗的运作平台，对当前的战略思想进行分析和讨论，从技术层面上进行探讨。

2008年，华为计划出售旗下子公司华为终端部门的控股权。华为这么做有自己的道理，当时正值金融危机爆发，全球主要金融市场出现流动性不足的危机，很多中国企业遇到订单不足、用工量下降、业绩下滑等逆境，华为也受到了不小的影响。为了做好准备，应对可能出现的"冬天"，华为需要尽可能多地准备御寒物品。如果这笔生意谈成，预计将为华为带来数十亿美元的收益。况且当时的终端部门并非华为的优势部门，而是主要负责制造贴牌机，利润很少，因此很多人觉得这对华为来说是一笔好买卖。但是在"蓝军"的努力下，华为发现了终端的重要性，并在内部提出了"端管云"战略，避免了华为终端差点被卖掉的命运。十年过去了，华为终端已经成为世界前三大手机厂商，营收额占据了总营收额的半壁江山。

创业要有宽广的胸怀，遗憾的是很多创业者没有这样的品质。华为对于"蓝军"是十分包容的，它是避免华为走向迷途的最后一道保险，也是对任正非自我批判精神的完美体现。华为不仅提倡员工包容"蓝军",还在制度层面上给予了保护。任正非说:"在华为内部要创造一种保护机制,一定要让'蓝军'有地位。'蓝军'可能胡说八道,有一些疯子,敢想敢说敢干,博弈之后要给他们一些宽容,你怎么知道他们不能走出一条路来呢?"

任正非甚至拟下了一条选人原则:华为的任何一名员工,若想继续升到高阶,必须先得进入"蓝军"历练。不知道如何打败华为,就不可能让华为免受他人的攻击,这样的员工是不能胜任高级职位的。能够进入"蓝军"的人才,其实力一定不可小觑。华为的传奇人物郑宝用,也曾负责过"蓝军"的工作。

课/后/总/结

　　一个运作良好的公司,需要学会居安思危,而一个喜欢唱反调的"蓝军",能够帮助公司避免思维固化,减少错误的决策。

任何腐败都会使企业丧失战斗力

我们已经听得到新年的炮声，炮火振动着我们的心，胜利鼓舞着我们，我们只要坚持自我批判不动摇，我们就会从胜利走向胜利。我们走在大路上，意气风发，斗志昂扬，没有什么能阻挡我们前进，唯有我们内部的腐败。

选自任正非的《春风送暖入屠苏》（2010年）

长期以来，人们都很关注官场腐败，却忽略了生意场上的腐败。很多企业内部都有腐败的行为，主要表现为：接受他人的贿赂；购销业务中私吞回扣；利用手中的权力谋取私利；挥霍公款，铺张浪费等。这些行为都是腐败的一种，在社会上普遍存在。腐败对企业有着极大的杀伤力，会对企业发展造成深远的影响。

很多企业都对内部腐败深恶痛绝。例如，万达集团董事长王健林在诸多场合都表达了"无法容忍腐败"的态度，阿里巴巴则开展了亿元反腐大案。他们不仅在口头上谴责内部腐败，还从行动上予以打击，在内部开展调查，并且移交司法机关。

华为公司对员工的腐败问题也十分重视，为了打击腐败，华为做了很多努力。2014年9月4日，华为召集了全国近200家企业业务的经销商，邀请他们一起参与华为反腐大会。在这次会议上，华为通报了自身进行内部反腐的情况：华为内部有116名员工涉嫌腐败，其中4人被移送司法机关，其中一名华为办事处的负责人是在旅游时被抓的。此外，还有69家经销商牵涉其中。

华为邀请经销商一起，建立一套更为完善的管理制度，以防止华为员工和经销商之间出现腐败行为。

导致企业出现腐败行为的原因有很多，主要涉及以下3个方面。

1. 权力过于集中

权力导致腐败，绝对的权力导致绝对的腐败，如果一家企业的权力配置出现问题，导致关键岗位的权力过大，无法监督，就极易发生腐败。这在创业型企业中十分常见。

2. 用人失察

在用人方面，企业家应当谨慎，如果把一个品德有问题的人放在重要岗位上，发生腐败问题几乎是必然的。很多企业家只看重员工的能力，却不考察员工的品德，这无异于给企业的发展埋下隐患。

3. 企业制度存在漏洞

企业发生腐败行为，通常是因为企业的制度设计存在问题。制度设计存在漏洞，就会给腐败留下生存的空间。例如缺乏有效的监督机制，或者对采购、财务等相关环节没有建立起规范的流程，致使企业在关键环节的控制力不足、制度不明确等，都会导致腐败问题的发生。

企业反腐是一项复杂的系统性工程，也是一项长期工程，绝不是处理几个人这么简单。处理人不是企业治理腐败的主要目标，如何建立起防止腐败出现的长效机制，才是企业管理者要认真思考的。华为对腐败行为的打击是从多方面、多角度进行的。

第一，华为的管理层在内部多次发表声明，坚决反对腐败行为，有一个要查一个。华为强调，员工必须诚实劳动，决不允许一切钻公司漏洞、以权谋私的行为，这是最基本的要求。华为消费者BG CEO余承东在一封内部信中谈到了腐败问题，他说："作为领头人，我对业务的未来充满信心，对大家的前途和'钱'途也有信心。我们事业前景是乐观的，可是近几年来却不断看到一些同事因为腐败问题而掉队。""是非选择，后果责任，一定要时刻警醒，想清楚。"

第二，华为制定了严密的制度保障，从制度层面减少腐败发生的可能性。华为引入了高端的信息系统管理，能够把企业的各方面信息纳入其中，用机器来监督人，有效消除腐败行为。

第三，在处理腐败问题方面，华为始终坚持宽严并济的政策。对于主动承认错误，勇于自我批判，并且积极改正的员工，将从轻处罚，或者免于处罚，并且对申报内容保密，甚至连CEO也不会知道申报的信息，更不会秋后算账。如果怀有侥幸心理，企图瞒天过海，最终被公司审计稽核人员查出，华为将从严处理，事态严重的还会送交司法机关。

最后，华为对员工的个人习惯也做出了具体的规定。华为不允许员工赌博，因为赌博和腐败都是放纵自己的表现，甚至连打牌也不允许。如果高级主管被发现在工作场所打牌，一定会受到处分。

课后总结

> 任正非说："在华为公司的前进中，没有什么能阻挡我们，能够阻止我们的，就是内部腐败。"华为把腐败看成毒药，认为唯有坚持反对一切形式的腐败，企业才能走上健康的道路。

危机监测与管理，强化应变能力

> 对危难的排除，还是力主在当地解决，超支的费用事后据实报销。我们已经是跨国公司，中外员工的生命同等重要，不能只关注中方员工。一切为了生命，都可以灵活处置。供应确实在当地有困难的，清单要具体化，公司努力保障，但远水不解近渴，还是要立足本地化解决，公司财务要实事求是对待这些事件。公司在启动应急预案，有效应对危机的同时，各部门也要各司其职，保证公司生产业务系统稳定正常地运行。
>
> 选自任正非的《关于珍爱生命与职业责任的讲话》（2011年）

华为的发展之路并非一帆风顺，其间曾不止一次地出现危机。2018年12月1日，任正非之女、华为CFO（首席财务官）孟晚舟的被捕，就是一个非常典型的例子。在孟晚舟事件中，透过华为的一系列举措，我们可以对华为的危机监测与管理能力有所了解。

孟晚舟事件牵动着亿万人的心，华为内部也是群情激奋，然而任正非却表现得非常冷静，他不仅没有对外界发表激烈的言辞，甚至还能与记者谈笑风生，似乎对这件事情并不在意一样，这都是华为危机监测与管理的功劳。

其实，这并非华为第一次面临外界的质疑，华为早已遇到了几乎所有中国企业在走向海外时都会面临的问题：意识形态的歧视、媒体的偏见、民众的不理解等。早在2012年，华为在澳大利亚参与一项价值359亿澳元的NBN（国家宽带网络）项目时，就遭到了澳大利亚政府的阻挠，澳大利亚总理吉拉德对外宣称，这是"为了确保NBN的完整性和安全性"。几年之后，这一套措辞又出现在美国总统的口中，美国政府同样以"国家安全"为由，对华为发出全面禁令。

面对危机，华为的危机管理遵从"三步走"的策略——实行危机监测、建立危机清单、全员危机管理。

1. 危机监测

华为对于危机的嗅觉是十分敏感的，这是因为华为有一套严密的危机监测系统。事实证明，通过危机监测，华为人可以发现大多数将要出现的危机，并且及早做好准备。

华为人一般会通过两种方法来监测危机：一种是头脑风暴法，当某些可疑的迹象出现时，华为人会利用团队的讨论来预测今后可能出现的危机，然后进行严密监测，并且一一排除，最后剩下的危机就是可能性最大的；还有一种是经验总结法，即根据以往工作中出现的危机，对未来的工作进行监测，避免在同一个地方摔倒两次。

2. 建立危机清单

在工作的过程中，华为要求员工搜集不良信息，并且用清单的方式汇报给上级，以便分析危机的源头、发展程度、发展方向等。清单要具体化、详细化，为后续的支援扫清障碍。

3. 全员危机管理

对于危机的管理，需要整个公司的配合，全员同心协力，方能将损失降到最小。为此华为提出了两大管理理念：全方位危机管理和全员危机管理。

全方位危机管理是指建立一个危机管理组织，该组织以流程为核心，跨越各个部门的职能，形成一个综合性的指挥部，以便实现从危机发生的过程上，加强事前、事中、事后的全程管理。

全员危机管理是以人为核心，发动全公司的员工，共同为防御危机贡献力量。

总体而言，华为的危机管理取得了良好的效果，帮助华为取得了一场又一场胜利。

课后总结

在企业前进的道路上，经常会遇到各种危机，为此必须建立一套行之有效的危机管理系统。

"备胎"计划，做好极限生存的假设

> 在过去二十多年中，不断主动适应变化、持续自我完善的管理变革帮助公司实现了快速的发展和商业成功，我们不能等到泰坦尼克号撞到冰山再去调整航向，而是在欢呼声中出海时，就针对长远航程中可能遇到的挑战进行布局，未雨绸缪。功劳簿的反面就是墓志铭，近十年来多少行业巨头走向衰弱，就是不能适时顺应环境的变化，不能积极扬弃过去，不能主动打破自我舒适区。固守不变的优势，这也极有可能成为我们进一步成长和超越自己的最大灾难。未来是光明的，过程可能是痛苦的。
>
> 选自任正非的《自我批判，不断超越》（2014年）

2019年5月17日凌晨，在华为被美国政府列入"实体清单"之后，面对超级大国的打压，华为海思总裁何庭波在员工论坛上发表了一封公开信，宣布多年打造的备胎一夜之间全部"转正"。在这封信中，她坦言："多年前，还是云淡风轻的季节，公司做出了极限生存的假设，预计有一天，所有美国的先进芯片和技术将不可获得，而华为仍将持续为客户服务。为了这个以为永远不会发生的假设，数千海思儿女，走上了科技史上最为悲壮的长征，为公司的生存打造'备胎'。"

何庭波称，后来的年头里，逐步走出迷茫，看到希望，又难免有一丝丝失落和不甘，担心许多芯片永远不会被启用，成为一直压在保密柜里面的备胎。而今天，命运的年轮转到这个极限而黑暗的时刻，超级大国毫不留情地中断全球合作的技术与产业体系，做出了最疯狂的决定，在毫无依据的条件下，把华为公司放入了实体名单。"今天，是历史的选择，所有我们曾经打造的备胎，一夜之间全部转'正'。"

一时之间，"备胎转正"成为人们热议的话题。

"备胎计划"是华为人居安思危的集中体现，事实上，早在2004年，华为人就已经开始未雨绸缪。那时中美关系一切正常，国际供应链也在走向成熟，人人都在讨论"全球化"，地球村的梦想似乎不久就要到来。然而任正非却提出了一个极端的假设：假如世界关系走向恶化，华为该怎么办？

任正非的担心不是没有道理。2004年，华为刚刚结束与思科的专利大战，双方互有胜负。华为虽然没有败诉，却推迟了进入美国市场的时间。初次进入美国市场，华为便受到了前所未有的阻力。这件事情的发生，让任正非意识到，世界并不太平，媒体口中的美好未来，并不能掩盖现实中的利益争夺。在科技发展的道路上，中美必将交锋。

2004年10月，海思在深圳正式成立，负责华为所有的半导体芯片以及核心器件的开发和交付。芯片是通信设备的核心，海思在华为的地位十分重要。目前，海思的产品覆盖无线网络、固定网络、数字媒体等领域的芯片及解决方案，成功应用在全球100多个国家和地区；在数字媒体领域，已推出网络监控芯片及解决方案、可视电话芯片及解决方案、DVB芯片及解决方案和

IPTV芯片及解决方案。

"备胎计划"的公布，让很多人为之叫好，也让华为获得了更多的尊重。"备胎计划"体现出华为人的远见卓识和深刻的忧患意识。任正非一直在考虑失败，一直在假设别人看来根本不可能的情况发生，这种强烈的忧患意识就是华为"备胎"的存在基础。

 课/后/总/结

> 企业在发展的过程中，会有各种潜在的危机，创业者要做的是积极采取应对措施，提高风险管控，而不是不管不顾，视若无睹。

第九章
持续创新，保持开放的国际化视野

创新是一个企业生存和发展的灵魂，对于企业而言，创新具有十分重要的意义，它是企业长久发展的支撑力。创新也是企业前进的最大难题，怎样在有效的条件下进行持续创新呢？任正非给出的答案是持续、大量地投入研发，并且从全球范围内招揽最优秀的人才。

在大机会时代，千万不要机会主义

华为不是上市公司，不受资本市场的约束和绑架，我们可以为理想和目标"傻投入"，所以我们可以拒绝短视和机会主义，我们只抓战略机遇，非战略机会或短期捞钱机会可以放弃，这是资本和股东做不到的，只有理想主义者可以做得到，为理想和远大目标敢于加大技术、人才、管理体系和客户服务的长期投入，看准了，舍得为未来的目标连续投、长期投，避免了短期行为，耐得住寂寞，忍受得了艰苦和磨难，华为就是一只大乌龟，二十多年来，只知爬呀爬，全然没看见路两旁的鲜花，不被所谓互联网"风口"所左右，回归商业精神的本质，坚定信心走自己的路。

选自彭剑锋于2015年12月18日专访任正非纪要

随着社会经济的发展，越来越多的机会出现在人们面前，创业者拥有了更多的选择。小米公司创始人雷军将其形象地比喻为："站在风口上，猪都能飞起来。"

急速发展的经济，加上不成熟的市场环境，让很多创业者抱着机会主义的心态，他们缺乏扎扎实实做事的精神，唯一的目的就是赚钱，甚至为了赚钱敢于违反法律和道德。然而等到潮水退去，大部分人都失败了。

在浮躁的氛围中，任正非仍然坚持脚踏实地的工作精神。他说："在大机会时代，千万不要机会主义。"从20世纪开始，华为在进军海外市场时，就提出了"拒绝机会主义"的战略方针。机会主义是牺牲根本利益，贪图短期利益的做法。通信行业是一个需要技术积累的行业，需要进行长期的研发投入，与机会主义背道而驰。因此，拒绝机会主义是华为一贯的精神。华为不会为了短期的利益而放弃研发和创新，相反，华为会在研发领域持续投入。当人们将关注点聚焦在移动互联网、大数据、比特币等新生事物上时，华为仍在坚守主航道战略，并且逐年加大研发投入。华为不赚热钱、快钱，而是深耕土壤，坚守本心。

面对大机会时代，任正非选择了一条艰苦的道路，他愿意向其他企业学习，但是前提是弄清三个问题——"我是谁？从哪里来？准备到哪里去？"这是人类哲学的三个经典问题，也是企业必须考虑的问题。华为固然要学习对手的优势，但是不能盲目对标，失去了自己的特色。

20世纪90年代初，华为组建了属于自己的研发团队。即使屡次出现发不出工资的窘境，任正非也坚持投入大量研发经费。《华为基本法》中明确规定："我们保证按照销售额的10%拨付研发经费，有必要且可能时还将加大拨付比例。"有数据统计，国内企业科研经费平均占营收总额的1%左右，而华为是其10倍以上。华为坚守通信领域的主航道，并且在研发上投入了大量资金。2019年1月，欧盟委员会发布了一份《2018年欧盟工业研发投资排名》，数据显示，华为以113.34亿欧元的研发投入，位列全球第五，超过BAT的总和。

　　面对5G技术的风口，华为需要积极抢占机遇，在即将到来的风口占据上风。为此，华为需要持续投入大量资金用于研发和创新。早在2009年，华为就已经展开了相关技术的研究，并在之后的几年里向外界展示了5G原型机基站。华为5G产品线总裁杨超斌表示，预计2019年华为在5G上的研发投资会超过100亿元。如今，华为已经拥有1600多项5G核心专利，并且已经向全世界输送超过一万个5G基站，让华为在即将到来的5G时代能够占据更大的话语权，从而争取到更多的利益。在云计算方面，华为的云服务已经遍布全球130多个国家和地区，建立了超过400个云数据中心，按照客户、企业的自身条件和现实需求提供定制化的云服务，在众多云服务厂商中崭露头角。

　　正是因为持续的大量投入研发，当美国政府发出禁令时，华为不仅没有倒下，反而可以骄傲地宣布"备胎转正"。

课后总结

　　超越对手最终仍然需要依靠硬实力，而硬实力需要依靠长期的积累，机会主义只能带来短暂的利益，无法带来长久的利益。

华为崇拜技术，但反对盲目创新

> 　　我非常反对盲目创新。由于冲动，以及没有严格的认证、试验，会使破坏性的创新纳入使用，造成体系运行的迟滞。我们在变革的过程中，要大力提倡改良，谨慎使用改革。不要为了创新而创新，为了表明自己能干就改一下，一改就是流程运行的高成本。这一点至少在管理体系上要落实下来，成熟的体系为什么不引进使用？为什么要盲目创新？

选自任正非的《改变对干部的考核机制，以适应行业转型的困难发展时期》（2006年）

　　研发和创新是华为区别于很多企业的一大优势，任正非鼓励员工进行创新，但是反对盲目创新。说到底，任正非是一名商人，需要为企业负责，为华为的近19万名员工负责，他在鼓励创新的同时，必须把利润放在同等重要的地位。

　　如今华为海思已经具备独立研发芯片的能力，并且发布了具有世界一流水平的麒麟980和巴龙5000芯片，但在2004年之前，华为并没有特意针对消费电子做芯片设计，而是主要针对交换机等产品做芯片。

众所周知，研发芯片是一件非常烧钱的事，华为在没能力、没资本的情况下，选择了一条相对容易的道路。华为的研发人员先在可编程器件上设计自己的电路，然后进行修改，待方案成熟时，委托拥有EDA的香港公司设计成ASIC芯片，再送到美国德州仪器公司流片和生产。

1991年，任正非决定研发用户交换机HJD48，打造一款属于自己的产品，他命郑宝用负责整个系统的开发，徐文伟担任器件室负责人。任正非或许知道研发的艰难，但是事情的发展给他造成的巨大压力超过了他的预期。研发消耗了大量资金，让资金本就不是很充裕的华为陷入了两难的境地。为了渡过难关，任正非甚至要去借高利贷，才能勉强维持公司的运转。任正非对研发人员说："这次研发如果失败了，我只有从楼上跳下去，你们还可以另谋出路。"言语间充满了悲壮之情。

在研发jk1000时，任正非又一次尝到了研发带来的苦涩。jk1000是华为自主研发的第一款局用交换机，由郑宝用担任总工程师，徐文伟负责硬件，王文胜负责软件。1993年，jk1000顺利研制成功，华为似乎看到了胜利的曙光。然而事情的发展远远超出任正非的预期，数字局用交换机的出现，使得jk1000还未正式推出，就已经成为一款落后产品了。这一次，华为的投入打了水漂。

盲目创新给任正非上了一课，让他认识到了自己的错误。任正非检讨说："我们公司以前也是盲目创新的公司，也是非常崇拜技术的公司，我们从来不管客户需求，研究出好东西就反复给客户介绍，客户说的话根本听不进去。"

无奈之下，华为只能开启下一轮研发。任正非将大部分资金和公司最优秀的人才全力投入到新产品C&C08的研发中，希望能借此打一个漂亮的翻身仗。万幸的是，C&C08顺利研发成功，并且在市场上取得了很好的反响。

在任正非看来，华为鼓励创新，但是坚决反对盲目创新，任何不能创造实际价值的创新，都是不值得进行投入的。华为要推动有价值的创新。基于这一理念，任正非对以往的研发经验进行了总结，并且提出了华为的创新原则：一定要围绕着效益做产品，技术创新的评价体系不能脱离高效益。唯有这样，才能使企业在市场中发展成熟，才能使研发团队更快地成长起来。

正是由于这个原因，华为对产品经理提出了很高的要求，要求他们懂技术的同时，还要对市场有所了解，成为一名工程商人，真正实现了产品生命线一体化的管理方式。通过这种做法，可以使管理者建立商品意识，将科研成果更好地转化为能够推到市场上的产品，尤其是开发出受市场欢迎的产品。

在产品技术创新上，任正非的观点是，华为要保持技术领先，但只能是领先竞争对手半步，领先三步就会成为"先烈"。

创新要像"鲜花插在牛粪上"

华为长期坚持的战略，是基于"鲜花插在牛粪上"战略，从不离开传统去盲目创新，而是基于原有的存在去开放、去创新。鲜花长好后，又成为新的牛粪，我们永远基于存在的基础上去创新。在云平台的前进的过程中，我们一直强调鲜花要插在牛粪上，绑定电信运营商去创新，否则我们的云就不能生存。

选自任正非的《五彩云霞飞遍天涯》（2010年）

创新对企业的重要性不言而喻，然而创新也是有风险的。

首先，创新需要付出一定的成本。为了实现创新，企业必须投入大量的研发资金。华为每年投入的研发资金占营收总额10%以上，仅2018年就投入近千亿元人民币，这笔数字对创业型公司来说是不可想象的。

其次，创新要面临技术方面的风险。创新的成果未必能够转化成产品，还有可能被窃取。这些问题也在困扰着企业家们。

最后，创新要面临市场的检验。企业创新的最终目的是要转化成产品，并且赚取利润。衡量一个新技术成果的重要一环，是看它能否经受住市场的检验，能否获得消费者的认可。

因此，创新是有风险的，成功者毕竟是少数。有的人只看到成功者的光鲜，却忽略了那些失败的案例。孤注一掷地创新，失败的可能性会更大。作为一名创业者，必须首先考虑到创新的风险问题。企业以生存为第一要务，为企业着想，创业者需要立足于实际，对创新采取更加合理的态度。

任正非对创新的态度是明确的，一方面要坚持创新，而且要投入巨资，不创新就意味着死亡。另一方面要坚持理论和实际相结合。任正非说："华为长期坚持的战略，是基于'鲜花插在牛粪上'的战略，从不离开传统去盲目创新，而是基于原有的存在去开放、去创新。鲜花长好后，又成为新的牛粪，我们永远基于存在的基础上去创新。"

"鲜花插在牛粪上"是华为的创新逻辑，"鲜花"是指研发成果，而"牛粪"是指企业的现有条件，或者说企业的能力范围。任正非从来不主张凭空创新，而是坚持要在现有的基础上前进。如果创新超出了企业的能力范围，就没有办法变成实际成果，无法为企业带来效益，这样的创新机制是短暂的，企业需要的是能够实现良性循环的创新机制。

"鲜花插在牛粪上"的战略具有非常明确的现实意义，技术创新终究要回到实际运用中来，能够创造价值的创新，才是企业需要的创新。事实上，中国在某些领域已经拥有世界顶尖的创新能力，但是还没能完全转化为实际运用。相比之下，技术上的差距容易弥补，而企业运行机制上的差距不容易弥补。正是出于这方面的考虑，任正非才一再强调"鲜花插在牛粪上"。对那些已经被证明具有广阔前景的创新，尽管研发的难度很大，华为也会努力去做。

　　任正非曾说："什么是最好的科研成果？都江堰几千年后还在流淌，还在孕育川西大地；而两河文明，古罗马的水渠已荡然无存。因此，伟大的发明并不一定稀奇古怪，故弄韵律的歌总唱不长。"创新未必要开发全新产品，能够在老产品上进行优化，并且成功地提升经济效益，也是一种创新，也是"鲜花插在牛粪上"的一种体现。任正非还举了个例子说，一个老的软件产品，其中有99.99％是很好的，但有些不稳定；那么，把这个老产品完全推倒重来未必是最好的解决方案，相反，能够解决那0.01%问题的人，才是真正的高水平。因为，对老产品的改进，需要一种敏锐的认识，而这又建立在对老产品了解透彻的基础上。另外，改良性的创新，在很大程度上避免了公司的重复投入，可以为公司节省大量费用。

 课后总结

　　无论何时，企业都应将经济效益放在首位，创新也不例外。脱离了现实条件的创新不是企业家的责任，应该由学校和科学家去做。

开放合作，一杯咖啡吸收宇宙能量

高级干部与专家要多参加国际会议，多"喝咖啡"，与人碰撞，不知道什么时候就擦出火花，回来写个心得，你可能觉得没有什么，但也许就点燃了熊熊大火让别人成功了，只要我们这个群体里有人成功了就是你的贡献。公司有这么多务虚会就是为了找到正确的战略定位。这就叫一杯咖啡吸收宇宙能量。

选自任正非的《最好的防御就是进攻》（2013年）

打开华为官方网站，在"核心价值观"一栏中，可以找到《开放、合作、共赢》的文章，文中讲述了华为的生态与产业发展理念，总结为三条：

做大产业、做大市场，比做大华为自身份额更加重要。

管理合作比管理竞争更重要。华为坚持做"黑土地"和使能者，不与合作伙伴争利，长期坚持开放、合作、共赢。

共享利益。面向万物互联的数字世界和智能世界，华为坚持做黏合剂，通过共享利益实现"团结一切可以团结的力量"。

开放合作是华为一贯坚持的理念，也是任正非的处世哲学，因为打造一个良好的生态，远比实现技术超越困难得多。

面对竞争，华为始终坚持开放合作的态度。华为的园区内到处都是咖啡吧，任正非教导公司的高管，要他们"多喝咖啡，少干活"，拓宽视野具有极其重要的意义。要用开放的思想和人类最顶尖的智慧交流，"一杯咖啡吸收宇宙能量"。

在技术创新和产品开发领域，华为一直坚持开放合作的态度。华为加入了400多个标准组织、产业联盟、开源社区，担任超过400个重要职位，在3GPP、IIC、IEEE-SA、BBF、ETSI、TMF、WFA、WWRF、CNCF、OpenStack、LFN、LFDL、Linaro、IFAA、CCSA、AII、CUVA和VRIF等组织担任董事会或执行委员会成员。

华为积极建设交流平台，推动业内的知识交流。例如，华为建立了公司论坛"心声社区"，让华为人能够在论坛上自由地交流和探讨经验。即便不是华为的员工，也能以游客的身份浏览"心声社区"上的内容。

华为还设立了创新研究计划（Huawei Innovation Research Program，简称HIRP），与世界范围内的高校及科研机构开展交流合作。该项目由华为提供科研基金，每年面向海内外高校征集创新研究思想，并且帮助他们进行大胆的尝试。通过合作共赢，追求技术创新。

基于开放合作的精神，任正非提出，只支持自主创新的精神，但不支持完全自主创新的行为。在他看来，科学技术是人类的共同财富，技术进步的最好方法是站在前人的肩膀上，这样才能加快进步的速度。在创新领域，完全自给自足是不明智的，也是不现实的。

其次，必须加大对基础教育的投入。基础教育是科技进步的土壤，没有良好的基础教育，就难有有作为的基础研究。和世界先进国家相比，我国的基础教育还十分薄弱，特别是农村的基础教育。因此，任正非建议"让优秀人才愿意去当教师，优秀的孩子愿意进入师范学校，实现'用最优秀的人培养更优秀的人'"。

华为的成长离不开世界优秀企业的帮助，例如IBM、博通、美光等。华为要保持行业领先地位，就必须长期保持开放合作的态度，汲取世界先进的优秀思想和技术，与全球研究者保持开放式合作，资助一些大学和机构的科学研究。

即便遭到不公正的对待，也要继续保持开放合作的精神。2019年6月17日，任正非在与《福布斯》撰稿人乔治·吉尔德、美国《连线》杂志专栏作家尼古拉斯·内格罗蓬对谈时提到，"没有想到美国打击华为力度如此之大，如此坚定不移，也没有想到打击面如此之广"，但是华为仍然会"更加坚定与美国公司的合作"。

课后总结

作为中国最具代表性的民营企业，华为的开放精神值得创业者认真研究与借鉴，唯有坚持开放，才能取得更大的辉煌。

网罗天下英才，让先进知识为我所用

希望大家明白，我们必须要做到世界第一，世界第二就可能活不下来。但是，要做到世界第一，理论上就要有突破。因此，当世界上出现混乱、大公司调整的时候，我们要去吸纳优秀人才，让天下英才为我所用，坚定不移在这几年奠定理论基础和技术基础。每个国家都有不同的特点，要充分发挥当地优势。

选自任正非的《不懂战略退却的人，就不会战略进攻》（2019年）

多年以前，有人曾经问任正非："你怎么评价方正公司？"

任正非回答："有技术，没管理。"

"你怎么评价联想公司？"

"有管理，没技术。"

"那么华为呢？"

任正非笑着说："既无技术，又无管理。"

任正非既不懂先进的技术，也不会一流的管理，作为一名企业家，他的责任是网罗天下英才，然后与他们共同搭建一个大舞台，做出对人类社会有益的产品。

任正非对人才的渴求，几乎达到了"疯狂"的程度。1998年，华为从全国范围内一次性招聘了800余名应届毕业生，开启了华为大规模招聘的第一步；2001年，华为一名负责招聘的高级管理人员宣称："工科硕士研究生全要，本科的前十名也全要。"一次招聘了5000余名毕业生，为此还被一些人批评为"垄断人才"。

对于人才问题，任正非的态度非常开明，作为一家通信企业的领导者，他把技术创新看作企业的生命力，从全球范围内招聘人才是华为的必经之路。所以，华为在建立全球研发网络方面投入了大量精力。

俄罗斯的基础教育处于世界领先地位，尤其是数学教育，诞生了一大批学识渊博的数学家和计算机专家，华为自然不会放过这批财富。从20世纪90年代开始，华为就已经在俄罗斯深耕布局，后来渐渐站稳脚跟，开始从俄罗斯招聘优秀人才。对算法的重视及投入，让华为在这方面取得了领先。

此外，华为还在全球多个国家和地区设立了研发中心。例如，日本的工业设计能力很强，华为在那里建立了一个小型化设计和质量控制研究中心；法国在时尚领域有着丰厚的积累，因此华为在巴黎设立了一家美学研究所；印度的软件行业比较发达，班加罗尔被誉为"亚洲硅谷"，华为便在那里设立了研究所，主要开发高质量的软件平台、组件和应用；在美国，华为以射频、操作系统、芯片为主要研究方向……可以看出，华为将研发中心设在全球人才聚集的地方，并且，针对各个国家的不同人才结构，设置不同的研究中心，汇聚全球智慧和资源，实现全球人才的就地接入。

这些来自全球各地的优秀人才，让华为实现了快速成长，因此我们才可以看到，华为消费者业务只用了短短几年时间，就迅速成长为华为三大业务之一，并且贡献了几乎一半的销售收入。

如今，华为在全球有60多个基础技术实验室，700多名数学博士，200多名物理和化学博士，吸收全球的先进知识。在华为，有45%的员工是研发人员，这些人的总数超过了8万人。华为面向全球，吸收宇宙能量，汇聚全球优秀的人才。可以说，哪里有优秀人才，华为就在哪里设置研发中心。

◤课后总结▶

任正非对人才的重视，使得华为的研发能力不断提高，帮助华为在5G、半导体等关键领域站稳了脚跟。正因如此，华为才没有在这次"贸易战"中倒下，反而越战越勇。

第十章
灰度哲学：正确的方向来自开放、妥协与宽容

灰度哲学是任正非毕生经验的智慧总结，也是任正非的创业心得。华为之所以有今天的成就，与任正非的灰度哲学是分不开的。黑白之间，就是灰色，灰度哲学就是摒弃非黑即白的思维方式。任正非曾说："坚定不移的正确方向来自灰度、妥协与宽容。"

管理者的正确方向来自灰度哲学

只有妥协，才能实现"双赢"和"多赢"，否则必然两败俱伤。因为妥协能够消除冲突，拒绝妥协，必然是对抗的前奏；我们的各级干部要真正领悟到妥协的艺术，学会宽容，保持开放的心态，就会真正达到灰度的境界，就能够在正确的道路上走得更远，走得更扎实。

选自任正非的《开放、妥协与灰度》（2009年）

所谓的灰度哲学，即是反对"非黑即白"的是非观，面对冲突矛盾，提倡兼容并蓄。在这个世界上，黑与白并不是完全隔绝的，中间还有大量的灰色地带。

在一次讲话中，任正非说："中华文化兼收并蓄的包容性是最显著的。我们要有灰度的概念，在变革中不要走极端，任何极端的变革，都会对原有的积累产生破坏，适得其反。领袖就是掌握灰度，干部则要真正领悟到妥协的艺术，学会宽容，保持开放的心态，就会真正达到灰度的境界，就能够在正确的道路上走得更远，走得更扎实。"

灰度哲学的思想，和古代中国的中庸思想有异曲同工之妙。中庸思想的核心是不偏不倚，避免极端，因为人一旦处于极端状态，就很容易犯错误。灰度哲学的精神与之十分相似。在这一点上，我们不得不感叹中华文化的博大精深。

灰度哲学不等于无限退让，而是在正确的时间，做出正确的选择，该强硬的时候强硬，该妥协的时候妥协。事实上，将灰度哲学运用自如是非常困难的，需要有阅尽众生的大智慧。

任正非对华为人说："我们处在一个变革时期，从过去的高速增长、强调规模，转向以生存为底线，以满足客户需求为目标，强调效益的管理变革。在这个变革时期中，我们都要有心理承受能力，必须接受变革的事实，学会变革的方法。同时，我们要有灰色的观念，在变革中不要走极端，有些事情是需要变革，但是任何极端的变革，都会对原有的积累产生破坏，适得其反。"

在贸易战期间，华为遇到了重重险阻，作为领导者的任正非并未自乱阵脚，而是淡然处之，临危不惧，让华为继续保持正常运转，将灰度哲学发挥到了极致。对于世界，任正非始终采取的是包容的态度，有人质疑华为为何不早点拿出"备胎"，任正非的回答是"备胎不是为了砸朋友"，而是"为了应对特殊情况"。对于美国企业，华为一直采取包容的态度，致力于人类共同发展、共同进步的目标。

　　古人说"宰相肚里能撑船，将军额头能跑马"，作为企业的领导者，必须有超出常人的肚量，为人处世要豁达大度。

跳芭蕾的女孩都有一双粗腿

> 如果我们用完美的观点去寻找英雄，是唯心主义。英雄就在我们的身边，天天和我们相处，他身上就有一点值得您学习。我们每一个人的身上都有英雄的行为。当我们任劳任怨、尽心尽责地完成本职工作，我们就是英雄。当我们思想上艰苦奋斗，不断地否定过去；当我们不怕困难，愈挫愈勇，您就是自己心中真正的英雄。我们要将这些良好的品德坚持下去，改正错误，摒弃旧习，做一个无名英雄。
>
> 选自任正非的《不要忘记英雄》（1997年）

2018年12月11日，孟晚舟获得保释后，在朋友圈发表了一则动态："我在温哥华，已回到家人身边。我以华为为傲，我以祖国为傲！谢谢每一位关心我的人。孟晚舟。"同时她配了一张图片，图片中是一双芭蕾舞者的双脚，其中一只脚穿着优雅的芭蕾舞鞋，而另一只脚却伤痕累累，显得有些触目惊心。图片上写着罗曼·罗兰的名言：伟大的背后都是苦难。

这张图片并非首次出现，它是一位美国摄影师的作品，任正非看到之后，对它深有感触。几年之前，华为启动了一项全球宣传活动，任正非亲自挑选了这张图片，作为华为的宣传照片。后来，这张照片出现在多个国际机场，向全世界人民展示。

然而，这张图片在华为的内部论坛上却产生了一些争议，有的员工认为，这张图片向外界传达了一种消极情绪，不适合作为广告。有人评论道："为什么敬业和快乐不能兼得？客户看重的是你提供的价值，而不是你忍受的痛苦。"任正非却认为，这张图片很好地体现出了华为的理念，在华为光鲜亮丽的外表下，是令人触目惊心的累累伤痕。他说："跳芭蕾的女孩都有一双粗腿。"

任正非曾经为华为的管理改进设置了"七反对"的原则，分别是：坚决反对完美主义，坚决反对烦琐哲学，坚决反对盲目创新，坚决反对没有全局效益提升的局部优化，坚决反对没有全局观的干部主导变革，坚决反对没有业务实践经验的人参加变革，坚决反对没有充分论证的流程进行实用。

任正非把"反对完美主义"列在首位，以灰度哲学告诫华为人，不能用完美主义的观点做人做事。完美主义者做任何事情都极其认真，他们的眼睛里容不得沙子，总是试图将事务做到无懈可击。然而世界在不断变化，绝对完美的事物是不存在的，追求完美主义会浪费大量时间和资源。

任正非有一颗宽容之心，他允许华为的员工试错，给予研究人员以空间，让他们可以去研究思想，探索未来。任正非希望有更多的科学家成长起来，贡献先进的理论，让华为的黑土地更肥沃，做出先进的产品，进而服务人类社会。"宽容创新、宽容失败"，在任正非看来，科学研究没有浪费，就不可能有成功。

在招聘人才方面，也要反对完美主义。很多创业者总是容易陷入一个误区中，他们渴望招来优秀的技术专家，希望找到完美的创业合伙人，搞出一番成绩，但急于求成，又缺少一颗宽容之心，被高价招来的人才，很快就一一离开了。华为则不然，华为对员工的考核虽然细致，却是有重点地关注，在个人能力、核心价值观等方面严格把关，至于其他方面的缺点，则尽量予以包容。

如果用完美主义的态度做企业，不允许员工犯任何错，就不会有华为的今天。任正非能宽容失败，允许试错，在遭遇挫折之后，仍然坚持投入，这是很多创业者做不到的。华为宽容失败的机制，培养起了一大批高级管理人员，他们在各个领域都能独当一面，使得华为的业绩蒸蒸日上。

 课后总结

失败是成功之母，如果总是从完美主义的角度出发，企业注定难以获得长远的发展。

企业领导要学会无为而治

一个企业的内、外发展规律是否真正认识清楚，管理是否可以做到无为而治，这是需要我们一代又一代的优秀员工不断探索的问题。只要我们努力，就一定可以从必然王国走向自由王国。

选自任正非的《要从必然王国，走向自由王国》（1998年）

无为而治是古代中国的哲学概念，来源于"无为而无不为"的道家思想。任正非将其引用到企业管理中，倡导企业领导应当学会把权力下放，做一个"无事人"。无为并非什么都不做，而是要遵循企业管理的规律，尊重人的个性。无为管理并不是不管理，而是管理系统达到了有序，形成了规律，成为一种自然而然的管理状态。

无为，看似简单，实则是管理的最高境界。要达到无为的境界，就必须依靠制度，用集体的力量取代个人的力量。

在创业初期，任正非和其他创业者一样，事事亲力亲为，他和员工一同工作，一同加班，在艰苦的环境下坚持了下来。但是随着企业的发展，任正非的能力陷入了瓶颈，一大批人才的陆续涌入，让任正非不得不感慨知识的更新速度太快了，快得让他没有学习的时间。他不得不承认："在时代面前，我越来越不懂技术，越来越不懂财务，半懂不懂管理。如果不能民主地善待团体，充分发挥各路英雄的作用，我将一事无成。"他的知识水平已经不足以参与研发了，因此他把研发工作交给了下属。后来，他又逐渐把手中的权力陆陆续续下放给各个部门。如今，任正非仍然和华为人一同努力，但是他已经不再过问具体的工作了，华为的各个部门中都有众多优秀的人才。他从一个大忙人，变成了一个无事人。

华为公司最宝贵的事物，不是哪一个人，更不是哪一项专利，而是一系列科学的管理体系，这是华为在数十年来不断学习、不断实践中得来的结果。一个人的生命是有限的，但是借助了管理体系，华为的战斗力能够长久地保持下去。华为追求长远地、持续地实现人均效益增长是当下管理改进的又一大重要目标。

在培养人才、发掘人才的基础上，任正非还建立了华为的两大法宝：一是管理架构、流程与IT支撑的管理体系，例如华为在深圳建立了一所华为大学，负责为华为员工及客户提供众多培训课程。在华为大学的墙上，刻着这样一句话："用最优秀的人培养更优秀的人（Great leaders lead leaders）。"二是对人的管理和激励机制，例如华为最具特色的虚拟受限股、TUP期权等，用丰厚的报酬形成对优秀人才的吸引力。

华为的很多高级管理人员，都是通过这套管理体系成长起来的。被外界称为"华为女皇"的孙亚芳就是一个例子，翻开孙亚芳的履历，可以发现她也是一步步成长起来的：

1982年，孙亚芳在新乡国营燎原无线电厂工作，任技术员；

1983年，在中国电波传播研究所工作，任教师；

1985年，在北京信息技术应用研究所任工程师；

1989年，进入华为，先后担任市场部工程师、培训中心主任、采购部主任、武汉办事处主任、市场部总裁、人力资源委员会主任、变革管理委员会主任、战略与客户委员会主任、华为大学校长等职位。

她是华为人力资源体系的主要组织者和推进者，帮助华为迈入快速发展的快车道。凭借对华为的杰出贡献，1999年，孙亚芳任华为技术有限公司董事长，直到2018年3月卸任。

孙亚芳是任正非培养的最成功的一个人才，此外还有很多类似的例子，正是在无数个人才的帮助下，才让华为的事业实现了一波又一波的发展巅峰。

但是对基层干部，任正非反对他们无为而治。华为对高层干部的要求是"多喝咖啡，少干活"，对基层干部则相反，任正非要求他们呕心沥血，身体力行，事必躬亲，坚决执行，严格管理，有效监控，诚信服从，与高级干部标准反过来，形成一个对立统一的悖论。任正非说："不当英雄，你也无法通向中高级管理者，谁会选拔你呢？"

课后总结

实行无为而治的前提是建立优秀的管理体系，以及培养众多优秀的人才。

均衡发展，关键是解决短板

在管理改进中，一定要强调改进我们木板最短的那一块。各部门、各科室、各流程主要领导都要抓薄弱环节。要坚持均衡发展，不断地强化以流程型和时效型为主导的管理体系的建设，在符合公司整体核心竞争力提升的条件下，不断优化你的工作，提高贡献率。

为什么要解决短木板呢？公司从上到下都重视研发、营销，但不重视理货系统、中央收发系统、出纳系统、订单系统等很多系统，这些不被重视的系统就是短木板，前面干得再好，后面发不出货，还是等于没干。因此全公司一定要建立起统一的价值评价体系，统一的考评体系，才能使人员在内部流动和平衡成为可能。比如有人说我搞研发创新很厉害，但创新的价值如何体现，创新必须通过转化变成商品，才能产生价值。

选自任正非的《华为的冬天》（2001年）

在管理学中，有一个著名的理论，叫作"木桶理论"。一只木桶能盛多少水，并不取决于最长的那块木板，而是取决于最短的那块木板。因此也被称为短板效应。

按照木桶理论，企业也应当重视自身的短板，因为短板会制约企业的发展前景。2018年，美国政府制裁中兴，中兴公司几乎陷入休克。尽管之后美国政府取消了禁令，但是一石激起千层浪，中国企业的短板再次引发社会各个层面的关注。这件事令众多中国企业的短板暴露出来，即缺乏核心科技，在高精尖技术领域缺少话语权。

通过中兴和华为事件，可以发现中国企业在软件和硬件上的短板。首先，芯片制造的短板。在芯片制造领域，中国企业的实力很弱。虽然一些中国企业具备芯片设计能力，但是在芯片制造方面，还没有形成成熟的产业链。由于芯片制造更偏向于传统产业，生产过程中需要高精度的设备、大量的工艺装备，而我国芯片生产过程中的大部分材料都源于国外，80%的设备由外国制造，集成电路设计工艺更是几乎全部依靠国外。

其次，操作系统的短板。芯片是硬件上的短板，而操作系统则是软件上的短板。以手机为例，目前在世界上市场份额最高的两大操作系统是安卓和IOS，安卓属于谷歌，IOS则属于苹果，两家都是美国公司，中国虽然有众多的手机厂商，却没能建立起自己的操作系统。

ICT产业必须掌握核心技术，作为一家通信公司，华为对软件和硬件的需求都很高，如果不能解决这两大短板，那么华为的发展必定会受到限制。任正非对这一点十分清楚，他在日常管理中非常重视"短板"问题，并一针见血地指出，所谓"短板"，就是企业发展中的劣势，要想在市场竞争中真正胜出，就必须找出"短板"，实现均衡发展。基于此，在2001年管理十大要点的发言中，任正非强调"均衡发展"将作为华为管理任务的第一大要点。

在意识到这些问题后，任正非便不断努力，试图弥补短板。在硬件方面，华为成立了海思，经过十多年的发展，已经具备国际一流的IC（集成电路）设计与验证技术，拥有先进的EDA设计平台、开发流程和规范；而在软件方面，华为也有了深厚的积累。

作为一名创业者，我们应当和任正非一样，有远见的卓识，认识到企业存在的短板，并且早做准备，这样才能让企业走上均衡发展的快车道。

课/后/总/结

企业应当坚守自己的发展目标，在发展核心业务的同时，也要注意加强对产业链的管理，打造属于自己的"备胎"。在激烈的市场竞争中，最后胜出的一定是均衡发展的企业。

要发展，也要给对手留下生存空间

> 领路是什么概念？就是"丹柯"。丹柯是一个神话人物，他把自己的心掏出来，用火点燃，为后人照亮前进的路。我们也要像丹柯一样，引领通信产业前进的路。这是一个探索的过程，在这个过程中，因为对未来不清晰、不确定，可能会付出极大的代价。但我们肯定可以找到方向的，找到照亮这个世界的路，这条路就是"以客户为中心"，而不是"以技术为中心"。我们并将这些探索更多地开放与伙伴共享。我们不仅会有更多的伙伴，而且更加不排外，愿意与不同价值观的对手加强合作与理解。
>
> **选自任正非的《五彩云霞飞遍天涯》（2010年）**

《丹柯》是苏联著名的文学家高尔基所写的一篇短篇小说，它讲述了一个名叫丹柯的悲剧英雄的故事。丹柯来自于一个古老的部族，他强壮又英俊，当部族被敌人赶入森林，濒临灭亡时，丹柯自告奋勇地走在前面，带领大家披荆斩棘，一路前行。当部族进入黑暗的密林时，许多人开始埋怨丹柯，责怪他让大家迷失了方向，并且诅咒他。丹柯知道不能得到大家的宽恕，同时又为大家感到怜悯，于是他用手抓开了自己的胸膛，掏出了一颗燃烧的心，把它高高地举在头上，照亮部族前进的道路。

丹柯是一个领路人，他的精神让任正非深受感动，这让他想到了企业的经营与管理。

创业者们通常认为，企业与竞争对手之间的关系是水火不容的，就像一山不容二虎，经营企业的终极目标，是要将所有对手一一击败，独自垄断所有市场。然而任正非却不同意这样的看法，他曾多次强调与竞争对手和谐相处。在贸易战期间，谈起美国企业，任正非说得最多的词是"伟大""感谢""学习"。例如："我们不会狭隘地排斥美国，因为美国公司在过去三十年对我们的支持很大，特别是这次危难时刻，美国公司体现出来的正义和道德的力量，我们要向它们致敬。"

在接受央视记者采访时，任正非再次提道："这三十年来，美国公司伴随着我们公司成长，做出了很多无私贡献，教明白了怎么去走路，特别是在今天危机时代，正体现了美国企业的良心。应该是前天晚上徐直军在半夜，我记不得了，大致两三点钟，打电话给我，报告了美国供应商努力备货的情况，我流泪了，我感到得道多助失道寡助。"

华为的生存哲学是狼性文化，狼是一种凶猛的动物，但是这与任正非的灰度哲学并不矛盾。狼群讲究的是团队协作，互帮互助，而不是像老虎那样，"一山不能容二虎"的情况并不适用于华为。

在接受CNN采访时，任正非表示，华为要向苹果学习，把产品做好、做精，然后把价格做高一点，让竞争对手有生存的空间。华为进入一个市场时，所求的是站稳脚跟，与竞争对手和平相处，争取共赢，而不是把对手逼入绝境。

在任正非看来，向对手妥协并没有什么大不了，灰度其实是一种非常务实的人生智慧。当你实力不足时，向对手妥协，可以为自己赢得宝贵的生存空间，避免遭到别人的直接打击；当你实力强大时，给对手留一线生机，可以赢得更多的支持。只要有利于目标的实现，都是可以妥协的，商业竞争以利益为第一原则，没有必要不撞南墙不回头。

企业战略分为两种：一种是跟对手贴身肉搏，打价格战，不是你死，就是我亡，最后往往两败俱伤；另一种是跟对手一起，把现有的蛋糕做大，让每个人都能分享更多的利益。任正非的志向不是眼前的蝇头小利，而是全球市场，华为要为全人类服务，"致力于把数字世界带入每个人、每个家庭、每个组织，构建万物互联的智能世界"。这是一个巨大的任务，光靠华为是无法完成的，因此华为选择了第二种战略，与对手一起，携手并进，共同推动技术的发展。

这种理念深深地刻进了华为人的心中，构成了华为的文化内核，这便是任正非先生提出的"灰度哲学"，它是一种妥协的艺术。也正是这个理念，才使得华为的规模越来越大。

课后总结

　　进攻只是战略的一部分，妥协同样是一种战略决策，只要有助于目标的实现，就不必纠结于一时的胜负。

任正非讲话节选

致新员工书

1994年12月25日

您有幸进入了华为公司。我们也有幸获得了与您的合作。我们将在共同信任的基础上，度过您在公司工作的岁月。这种理解和信任是愉快奋斗的桥梁与纽带。

华为公司是一个以高技术为起点，着眼于大市场、大系统、大结构的新兴的高科技企业。以它的历史使命，它需要所有的员工必须坚持合作，走集体奋斗的道路。没有这种平台，你的聪明才智是很难发挥并有所成就的。因此，没有责任心，不善于合作，不能集体奋斗的人，等于丧失了在华为进步的机会。那样您会空耗了宝贵的光阴，还不如试用期中，重新决定您的选择。进入华为并不意味着高待遇，因为公司是以贡献定报酬的，凭责任定待遇。对新来员工，因为没有记录，晋升较慢，为此十分歉意。如果您是一个开放系统，善于吸取别人的经验，善于与人合作，借助别人提供的基础，可能进步就会很快。如果封闭自己，怕工分不好算，就需要较长时间，也许到那时，你的工作成果已没有什么意义了。实践是您水平提高的基础，它充分地检验了您的不足，只有暴露出来，您才会有进步。实践再实践，尤其对青年学生十分重要。唯有实践后善于用理论去归纳总结，才会有飞跃的提高。有一句名言：没有记录的公司，迟早是要垮掉的。一个不善于总结的公司会有什么前途，个人也不是如此吗？

实践改造了人，也造就了一代华为人。您想做专家吗？一律从工人做起，已经在公司深入人心。进入公司一周以后，博士、硕士、学士以及在内地取得的地位均消失，一切凭实际才干定位，已为公司绝大多数人接受。希望您接受命运的挑战，不屈不挠地前进，不惜碰得头破血流。不经磨难，何以成才。

公司要求每一个员工，要热爱自己的祖国，热爱我们这个多灾多难、刚刚开始振兴的民族。只有背负着他们的希望，才可以进行艰苦的搏击而无怨言。我们总有一天，会在世界通信的舞台上，占据一席位子。任何时候、任何地点都不要做对不起祖国、对不起民族的事情。要严格遵守公司的各项制度与管理。对不合理的制度，只有修改以后才可以不遵守。不贪污、不盗窃、不腐化。严于律己，宽以待人。坚持真理，善于利用批评和自我批评的方法，提高自己，帮助别人。

您有时会感到公司没有真正的公平与公正。真正的公平是没有的，您不能对这方面的期望值太高。但在努力者面前，机会总是均等的，只要您努力，您的主管会了解您的。要承受得起做好事反受委屈。没有一定的承受能力，今后如何能做大梁。其实一个人的命运，就掌握在自己手上。生活的评价，是会有误差的，但决不至于黑白颠倒，差之千里。您有可能不理解公司而暂时离开，我们欢迎您回来。您更要增加心理的承受能力，连续工龄没有了，与同期的伙伴距离拉大了。我们相信，您会加步赶上，但时间对任何人都是一样长的。

希望丢掉速成的幻想，学习日本人的踏踏实实、德国人的一丝不苟的敬业精神。真正生活中能把某一项技术精通就是十分难的。您想提高效益、待遇，只有把精力集中在一个有限的工作面上，不然就很难熟能生巧。您什么都想会、什么都想做，就意味着什么都不精通，任何一件事对您都是做初工。努力钻进去，兴趣自然在。我们要造就一批业精于勤，行成于思，有真正动手能力、管理能力的干部。机遇偏多于踏踏实实工作者。

公司建立了以各部门总经理为首的首长负责制，它隶属于各个以民主集中制建立起来的专业协调委员会。各专业委员会委员来自相关的部门，组成少数服从多数的民主管理。议事、不管事。有了决议后由各部门总经理去执行。这种民主原则，防止在一长制中的片面性，在重大问题上，发挥了集体智慧。这是公司六年来没有摔大跟头的因素之一。民主管理还会进一步扩展，权威作用也会进一步加强，这种大民主、大集中的管理，还需长期探索，希望您成为其中一员。

公司永远不会提拔一个没有基层经验的人做高级领导工作。遵循循序渐进的原则，每一个环节对您的人生都有巨大的意义。您要十分认真地去对待现在手中的任何一件工作，积累您的记录。要尊重您的现行领导，尽管您也有能力，甚至更强。否则将来您的部下也不会尊重您。要有系统、有分析地提出您的建议，您是一个有文化者，草率的提议，对您是不负责任，也浪费了别人的时间。特别是新来者，不要下车伊始，动不动就哇啦哇啦。要深入地分析，找出一个环节的问题，找到解决的办法，踏踏实实地去做。不要哗众取宠。

在公司的进步主要取决于您的工作成绩，一个高科技产业，没有文化是不行的。业余时间可安排一些休闲，但还是要有计划地读些书。不要搞不正当的娱乐活动，绝对禁止打麻将之类的消磨意志的活动。为了您成为一个高尚的人，受人尊重的人，望您自律。谁为谁服务的问题一定要解决。公司总的是为用户服务，但具体来讲，下一道工序就是用户，就是您的"上帝"。您必须认真对待每一道用户。

要关心时事，关心国家与民族的前途命运。提高自己的觉悟。但不要卷入任何政治旋涡，指点江山。公司不支持您，也不会保护您。公司坚持员工必须跟着社会潮流走。当前，要承认只有共产党才能领导中国，否则就会陷入无政府主义。一个高速发展的经济社会，没有稳定，没有强有力的领导，陷入无政府主义状态是不可想象的。

公司在飞速地发展，迫切地需要干部，希望您加速磨炼，与我们一起去担起明天的太阳。

一江春水向东流

2011年12月25日

千古兴亡多少事，一江春水向东流。

小时候，妈妈给我们讲希腊大力神的故事，我们崇拜得不得了。少年不知事的时期我们又崇拜上李元霸、宇文成都这种盖世英雄，传播着张飞"杀"（争斗）岳飞的荒诞故事。在青春萌动的时期，突然敏感到李清照的千古情人是力拔山兮的项羽。至此"生当作人杰，死亦为鬼雄"又成了我们的人生警句。当然这种个人英雄主义，也不是没有意义，它迫使我们在学习上争斗，成就了较好的成绩。

当我走向社会，多少年后才知道，我碰到头破血流的，就是这种不知事的人生哲学。我大学没入了团，当兵多年没入了党，处处都处在人生逆境，个人很孤立，当我明白团结就是力量这句话的政治内涵时，已过了不惑之年。想起蹉跎了的岁月，才觉得，怎么会这么幼稚可笑，一点都不明白开放、妥协、灰度呢？

我是在生活所迫、人生路窄的时候创立华为的。那时我已领悟到个人才是历史长河中最渺小的这个人生真谛。我看过云南的盘山道，那么艰险，一百多年前是怎么确定路线，怎么修筑的，为筑路人的智慧与辛苦佩服；我看过薄薄的丝绸衣服，以及为上面栩栩如生的花纹是怎么织出来的而折服，织女们怎么这么巧夺天工？天啊！不仅万里长城、河边的纤夫、奔驰的高铁……我深刻地体会到，组织的力量、众人的力量，才是力大无穷的。人感知自己的渺小，行为才开始伟大。

在创立华为时，我已过了不惑之年。不惑是什么意思，是几千年的封建社会，环境变动缓慢，等待人的心理成熟的一个尺度。而我进入不惑之年时，人类已进入电脑时代，世界开始疯起来了，等不得我的不惑了。我突然发觉自己本来是优秀的中国青年，所谓的专家，竟然越来越无知。不是不惑，而是要重新起步新的学习，时代已经没时间与机会让我不惑了，前程充满了不确定性。

我刚来深圳还准备从事技术工作，或者搞点科研的，如果我选择这条路，早已被时代抛在垃圾堆里了。我后来明白，一个人不管如何努力，永远也赶不上时代的步伐，更何况知识爆炸的时代。只有组织起数十人、数百人、数千人一同奋斗，你站在这上面，才摸得到时代的脚。我转而去创建华为时，不再是去做专家，而是做组织者。

在时代面前，我越来越不懂技术、越来越不懂财务、半懂不懂管理，如果不能民主地善待团体，充分发挥各路英雄的作用，我将一事无成。从事组织建设成了我后来的追求，如何组织起千军万马，这对我来说是天大的难题。

我创建了华为公司，当时在中国叫个体户，这么一个弱小的个体户，想组织起千军万马，是有些狂妄，不合时宜，是有些想吃天鹅肉的梦幻。我创建公司时设计了员工持股制度，通过利益分享，团结起员工，那时我还不懂期权制度，更不知道西方在这方面很发达，有多种形式的激励机制。仅凭自己过去的人生挫折，感悟到与员工分担责任，分享利益。

创立之初我与我父亲相商过这种做法，结果得到他的大力支持，他在三十年代学过经济学。这种无意中插的花，竟然今天开放得如此鲜艳，成就华为的大事业。

在华为成立之初，我是听任各地"游击队长"们自由发挥的。其实，我也领导不了他们。

前十年几乎没有开过办公会类似的会议，总是飞到各地去，听取他们的汇报，他们说怎么办就怎么办，理解他们，支持他们；听听研发人员的发散思维，乱成一团的所谓研发，当时简直不可能有清晰的方向，像玻璃窗上的苍蝇，乱碰乱撞，听客户一点点改进的要求，就奋力去找机会……更谈不上如何去管财务了，我根本就不懂财务，我后来没有处理好与财务的关系，他们被提拔少，责任在我。

也许是我无能、傻，才如此放权，使各路诸侯的聪明才智大发挥，成就了华为。我那时被称作甩手掌柜，不是我甩手，而是我真不知道如何管。今天的接班人们，个个都是人中精英，他们还会不会像我那么愚钝，继续放权，发挥全体的积极性，继往开来，承前启后呢？他们担任的事业更大，责任更重，会不会被事务压昏了，没时间听下面唠叨了呢？……相信华为的惯性，相信接班人们的智慧。

到97年后，公司内部的思想混乱，主义林立，各路诸侯都显示出他们的实力，公司往何处去，不得要领。我请人民大学的教授们，一起讨论一个"基本法"，用于集合一下大家发散的思维，几上几下的讨论，不知不觉中"春秋战国"就无声无息了，人大的教授厉害，怎么就统一了大家的认识了呢？从此，开始形成了所谓的华为企业文化，说这个文化有多好，多厉害，不是我创造的，而是全体员工悟出来的。

我那时最多是从一个甩手掌柜，变成了一个文化教员。业界老说我神秘、伟人，其实我知道自己，名实不符。我不是为了抬高自己而隐起来，而是因害怕而低调的。真正聪明的是十三万员工，以及客户的宽容与牵引，我只不过用利益分享的方式，将他们的才智黏合起来。

公司在意志适当集中以后，就必须产生必要的制度来支撑这个文化，这时，我这个假掌柜就躲不了了，大约在2003年前的几年时间，我累坏了，身体就是那时累垮的。身体有多项疾病，动过两次癌症手术，但我乐观……

那时，要出来多少文件才能指导、约束公司的运行，那时公司已有几万员工，而且每天还在不断大量地涌入。你可以想象混乱到什么样子。我理解了，社会上那些承受不了的高管，为什么选择自杀。问题集中到你这一点，你不拿主意就无法运行，把你聚焦在太阳下烤，你才知道CEO不好当。每天十多个小时以上的工作，仍然是一头雾水，衣服皱巴巴的，内外矛盾交集。

我人生中并没有合适的管理经历，从学校到军队，都没有做过有行政权力的"官"，不可能有产生出有效文件的素质，左了改，右了又改过来，反复烙饼，把多少优秀人才烙糊了，烙跑了。这段时间的摸着石头过河，险些被水淹死。

2002年，公司差点崩溃了。IT泡沫的破灭，公司内外矛盾的交集，我却无力控制这个公司，有半年时间都是噩梦，梦醒时常常哭。真的，不是公司的骨干们在茫茫黑暗中点燃自己的心，来照亮前进的路程，现在公司早已没有了。这段时间孙董事长团结员工，增强信心，功不可没。

大约2004年，美国顾问公司帮助我们设计公司组织结构时，认为我们还没有中枢机构，不可思议。而且高层只是空任命，也不运作，提出来要建立EMT（Executive Management Team），我不愿做EMT的主席，就开始了轮值主席制度，由八位领导轮流执政，每人半年，经过两个循环，演变到今年的轮值CEO制度。

也许是这种无意中的轮值制度，平衡了公司各方面的矛盾，使公司得以均衡成长。轮值的好处是，每个轮值者，在一段时间里，担负了公司COO的职责，不仅要处理日常事务，而且要为高层会议准备起草文件，大大地锻炼了他们。同时，他不得不削小他的屁股，否则就达不到别人对他决议的拥护。这样他就将他管辖的部门，带入了全局利益的平衡，公司的山头无意中在这几年削平了。

经历了八年轮值后，在新董事会选举中，他们多数被选上。我们又开始了在董事会领导下的轮值CEO制度，他们在轮值期间是公司的最高的行政首长。他们更多的是着眼公司的战略，着眼制度建设。将日常经营决策的权力进一步下放给各BG、区域，以推动扩张的合理进行。这比将公司的成功系于一人，败也是这一人的制度要好。每个轮值CEO在轮值期间奋力地拉车，牵引公司前进。他走偏了，下一轮的轮值CEO会及时去纠正航向，使大船能早一些拨正船头。避免问题积累过重不得解决。

我不知道我们的路能走多好，这需要全体员工的拥护，以及客户和合作伙伴的理解与支持。我相信由于我的不聪明，引出来的集体奋斗与集体智慧，若能为公司的强大、为祖国、为世界做出一点贡献，二十多年的辛苦就值得了。

我知识的底蕴不够，也并不够聪明，但我容得了优秀的员工与我一起工作，与他们在一起，我也被熏陶得优秀了。他们出类拔萃，夹着我前进，我又没有什么退路，不得不被"绑"着、"架"着往前走，不小心就让他们抬到了峨眉山顶。

我也体会到团结合作的力量。这些年来进步最大的是我，从一个"土民"，被精英们抬成了一个体面的小老头。因为我的性格像海绵一样，善于吸取他们的营养，总结他们的精华，而且大胆地开放输出。

那些人中精英，在时代的大潮中，更会被众人团结合作抬到喜马拉雅山顶。希腊大力神的母亲是大地，他只要一靠在大地上就力大无穷。我们的大地就是众人和制度，相信制度的力量，会使他们团结合作把公司抬到金顶。

作为轮值CEO，他们不再是只关注内部的建设与运作，同时，也要放眼外部，放眼世界，要自己适应外部环境的运作，趋利避害。我们伸出头去，看见我们现在是处在一个多变的世界，风暴与骄阳，和煦的春光与万丈深渊并存着。

我们无法准确预测未来，仍要大胆拥抱未来。面对潮起潮落，即使公司大幅度萎缩，我们不仅要淡定，也要矢志不移地继续推动组织朝向长期价值贡献的方向去改革。要改革，更要开放。要去除成功的惰性与思维的惯性对队伍的影响，也不能躺在过去荣耀的延长线上，只要我们能不断地激活队伍，我们就有希望。

历史的灾难经常是周而复始的，人们的贪婪，从未因灾难改进过，过高的杠杆比，推动经济的泡沫化，总会破灭。我们唯有把握更清晰的方向，更努力地工作，任何投机总会要还账的。

经济越来越不可控，如果金融危机进一步延伸爆炸，货币急剧贬值，外部社会动荡，我们会独善其身吗？我们有能力挽救自己吗？我们行驶的航船，员工会像韩国人卖掉金首饰救国家一样，给我们集资买油吗？历史没有终结，繁荣会永恒吗？

我们既要有信心，也不要盲目相信未来，历史的灾难，都是我们的前车之鉴。我们对未来的无知是无法解决的问题，但我们可以通过归纳找到方向，并使自己处在合理组织结构及优良的进取状态，以此来预防未来。死亡是会到来的，这是历史规律，我们的责任是应不断延长我们的生命。

千古兴亡多少事，一江春水向东流，流过太平洋，流过印度洋……不回头。

不要去关注英雄的闪光点，去体会英雄无奈时的两难处！

任正非个人简历

姓名：任正非

性别：男

民族：汉族

职务：华为技术有限公司主要创始人兼总裁

祖籍：浙江省浦江县黄宅镇

出生地：贵州省安顺市镇宁县

1944年10月25日，任正非出生于贵州省安顺市镇宁县。

1963年，就读于重庆建筑工程学院（现合并为重庆大学），毕业后就业于建筑工程单位。

1974年，应征入伍成为基建工程兵，参与辽阳化纤总厂工程建设任务，历任技术员、工程师、副所长（技术副团级），无军衔。

1982年，成为中国共产党第十二次全国代表大会代表。

1983年，国家整建制裁撤基建工程兵，任正非复员转业，进入深圳南海石油后勤服务基地。

1987年，任正非集资2.1万元，在深圳创立华为技术有限公司。而在此之前，任正非由于工作失误，导致南海石油公司被骗200万。

2003年，任正非荣膺网民评选的"2003年中国IT十大上升人物"。

2005年，入选美国《时代》杂志全球一百位最具影响力人物。

2011年，任正非以11亿美元首次进入福布斯富豪榜，排名全球第1153名，中国第92名。

2018年3月，任正非卸任副董事长；10月，入选中央统战部、全国工商联"改革开放40年百名杰出民营企业家名单"。

2019年4月，上榜美国《时代》杂志2019年度全球百位最具影响力人物榜单。

华为发展历程表

1987年，华为创立于深圳，主要业务是为一家生产用户交换机（PBX）的香港公司做销售代理。

1987年，华为正式运营，有14名员工，主要代理销售HAX模拟交换机、小型程控交换机、火灾报警器等。

1989年，开始研制24口用户交换机BH-01。

1990年，开始自主研发面向酒店与小企业的PBX技术并进行商用。

1991年，研制开发BH-03并销售，员工达到20人。

1992年，开始C&C08数字交换机的研发工作，销售额突破1亿元，员工超过200人。

1995年，销售额达15亿元，主要来自中国农村市场，首次进入中国电子百强。

1996年，销售额达26亿元。

1997年，销售额达41亿元，推出无线GSM解决方案。

1998年，将市场拓展到中国主要城市。与IBM开始"IT策略与规划"项目合作。

1999年，在印度班加罗尔设立研发中心。该研发中心分别于2001年和2003年获得CMM4级认证、CMM5级认证。

2000年，在瑞典首都斯德哥尔摩设立研发中心。市场销售总额达220亿元，员工达16000人。

2001年，在美国设立四个研发中心。加入国际电信联盟（ITU）。

2002年，海外市场销售额达5.52亿美元，海外常驻员工达到2200人。与微软成立联合实验室。

2003年，与3Com合作成立合资公司，专注于企业数据网络解决方案的研究。

2004年，与西门子合作成立合资公司，开发TD-SCDMA解决方案。获得荷兰运营商Telfort价值超过2500万美元的合同，首次实现在欧洲的重大突破。

2005年，与沃达丰签署《全球框架协议》，正式成为沃达丰优选通信设备供应商。成为英国电信（简称BT）首选的21世纪网络供应商，为BT21世纪网络提供多业务网络接入（MSAN）部件和传输设备。

2006年，与摩托罗拉合作，在上海成立联合研发中心。

2007年，与赛门铁克合作成立合资公司，开发存储和安全产品与解决方案。与Global Marine合作成立合资公司，提供海缆端到端网络解决方案。在2007年底成为欧洲所有顶级运营商的合作伙伴。

2008年，被商业周刊评为全球十大最有影响力的公司。根据Informa的咨询报告，华为在移动设备市场领域排名全球第三。

2009年，无线接入市场份额跻身全球第二，LTE商用合同数居全球首位。获得IEEE标准组织2009年度杰出公司贡献奖，并入选美国Fast Company杂志评选的最具创新力公司前五强。

2010年，在英国成立安全认证中心。与中国工业和信息化部签署节能自愿协议。加入联合国世界宽带委员会。

2011年，成立"2012 实验室"。以5.3亿美元收购华赛。智能手机销售量达到2000万部。

2012年，在芬兰新建研发中心，并在法国和英国成立了本地董事会和咨询委员会。

2013年，全球财务风险控制中心在英国伦敦成立，监管华为全球财务运营风险。智能手机华为Ascend P6实现了品牌利润双赢，智能手机业务获得历史性突破。

2014年，在全球9个国家建立5G创新研究中心，全球研发中心总数达到16个，联合创新中心共28个。在全球加入177个标准组织和开源组织，在其中担任183个重要职位。智能手机发货量超过7500万台。

2015年，根据世界知识产权组织公布的数据，2015年企业专利申请排名方面，华为连续第二年位居榜首。根据GFK数据，智能手机发货超1亿台。华为在全球智能手机市场稳居全球前三，在中国市场份额位居首位。

2016年，华为智慧城市解决方案已应用于全球40多个国家的100多个城市，华为还主笔了9项智慧城市中国国家标准。华为已在全球获得了170多个云化商用合同；数字业务云服务平台累计引入超过4000家合作伙伴。全年智能手机发货量达到1.39亿台，全球市场份额提升至11.9%。

2017年，在全球十余个城市与30多家领先运营商进行5G预商用测试，性能全面超越国际电信联盟（ITU）要求。在云计算、大数据、企业园区、数据中心、物联网等领域，不断强化产品与解决方案创新，并推动在智慧城市、平安城市以及金融、能源、交通、制造等行业广泛应用。华为（含荣耀）智能手机全年发货1.53亿台，全球份额突破10%。

2018年，全年全球销售收入首次超过千亿美元，智能手机突破2亿台。发布了基于3GPP标准的端到端全系列5G产品解决方案，斩获26个5G订单。